図書館員選書・21

公立図書館の経営

補訂版

大澤正雄 著

日本図書館協会

Management of Public Libraries
revised edition

公立図書館の経営 ／ 大澤正雄著． ― 補訂版． ― 東京 ： 日本図書館協会, 2005． ― 274p ； 19cm． ― (図書館員選書 ； 21)． ― ISBN978-4-8204-0502-3

t1．コウリツ　トショカン　ノ　ケイエイ　t2．トショカンイン　センショ　a1．オオサワ,マサオ　s1．図書館経営　①013

まえがき

　現在，公立図書館に対する住民の要望は強く，利用も飛躍的に増加し，生活の一部として利用されている図書館も現れています。一方，約半数の自治体には図書館はなく，特に町村では6割が未設置地域の状態です。このような図書館設置の格差をなくし公立図書館を全国にたくさん建てることの大切さは地方自治発展の立場からも必要です。

　図書館法の趣旨は，公立図書館はその置かれている自治体の意志で設置や運営を決定することにあります。地域に図書館をつくり運営していくためには，館長の司書資格を含めて職員のあり方や運営の方法を自治体が自らの意志で考え実行していくことが必要とされています。

　地方分権の社会とは自治体の自己決定権の拡大と主体性の確立であります。それはとりもなおさず政策決定過程における住民参加であり，住民自治に根ざしたまちづくりにあると思います。

　地方分権の時代といわれる中で真の分権社会を築いていくためには，住民が自治体行政の政策決定段階に対して自分の意見を表明し，地方自治のにない手として政策決定に関与していくことが必要です。政策決定を首長や行政機関だけにまかせるのではなく，自分たちの意思を条例や規則を通じて具体的に政策化し実施していく。住民の

これらの行動は議員の活動を活発にし，議員立法に結び付けていく。すなわち，議員は首長や行政側が出した与えられた議（法）案だけを審議するのではなく，自らを主権者の代表として自分たちの議（法）案を提出していくことにつながります。

住民や議員が自らの政策能力を高めるためには図書館の充実は欠かせません。そこでは立法調査能力や市の政策策定のための資料援助など，図書館員に求められる能力は住民自治の精神と優れた資料知識にあり，そのことは情報公開にもつながります。

図書館は多くの資料によってあらゆる主義・主張，知識や情報を擁し，住民はそれらによって学び，自らをさらに高め自立した「市民」として，まち・むらの成長にかかわっていきます。

この本については1980年代中頃から図書館の現場で要望が強く，何度か企画にのぼりましたがまとまらず今日にいたりました。過去には1971年に清水正三さんたちがまとめた『公共図書館の管理』があり，それもすでにかなり時間が経ちました。この書は私の経験や各地での図書館運営の実践をもとにまとめました。

地方分権の時代の中で住民が主権者となり，真に住民が使いやすい図書館を運営するためにはどうしたらいいか，図書館の仕事とは，館長や司書の任務などについてこの本を通じて明らかにしていきたいと思っています。

新しく図書館ができ，はじめて館長として赴任したり，人事異動で図書館長になった人，図書館の仕事にはじめてたずさわる人，図書館の日常業務はよくわかるが行政や予算の仕組みを学びたいという人，地域の図書館づくりの運動のなかで行政の仕組みや図書館運

営について勉強したい人，さらに，一般行政にたずさわる人，これから図書館員をめざす学生もふくめて，図書館の運営や事業にかかわる多くの人々のお役に立てば幸いです。また，これを叩き台として地域での図書館運動の経験や現場の図書館員の英知を集め，今後，さらに内容の豊かなものが生まれることを期待いたします。

　なお，この書を「公共図書館の」ではなく「公立図書館の」としたのは，日本には「公立図書館」と「私立図書館」しかなく，図書館法でもそのように規定していること，また，税金で賄われ自治体直営であること，誰もが利用できること，無料であることなど，本書の対象が「公立」図書館であるところから，「公共」とせず「公立」とし，1999年10月に発行しました。

　その後，「委託」問題が図書館界で熾烈となり，カウンターを中心とする請負委託，地方自治法の改正による「指定管理者制度」の導入可能，さらに，丸ごと管理委託するPFI方式による運営などが現れました。また，このような状況の中でこれら図書館や「委託」企業で雇われ働く労働者の勤務条件や労働環境問題など，図書館経営上さまざまな課題が現れました。本書はこれらのあり方について，時宜を得た現場で使いやすい内容に一部を書き改めました。日常の座右の書として利用いただければ幸いです。

2005年1月31日

大　澤　正　雄

目　次

まえがき　*3*

第1章　公立図書館のしごと …………………………………… *15*

1.1　公立図書館の任務と役割　*15*

1.1.1　公立図書館の理念　*15*

1.1.2　公立図書館の役割と機能　*21*

1.1.3　公立図書館の任務　*25*

1.2　図書館組織網と広域サービス　*31*

1.2.1　図書館組織網（図書館サービス網）　*31*

1.2.2　図書館間協力と相互貸借　*34*

1.2.3　広域ネットワーク　*35*

第2章　図書館の自由とは …………………………………… *43*

2.1　図書館「自由宣言」の誕生　*43*

2.1.1　自由宣言の発端　*43*

2.1.2　図書館の自由に関する宣言　*46*

2.1.3　1979（昭和54）年の改訂　*47*

2.2　利用者の秘密とは何か　*48*

2.2.1　利用者の秘密　*48*

2.2.2 秘密を守る義務とは　*48*

2.3 犯罪捜査の照会とその対応について　*50*

第3章　図書館サービス　……………………………………*53*

3.1 図書館サービス　*53*

3.2 カウンター・サービス　*54*

  3.2.1 カウンター業務の心得　*54*

  3.2.2 貸出し・返却　*56*

  3.2.3 予約・リクエスト（予約制度）　*60*

  3.2.4 資料相談　*63*

  3.2.5 フロアー・ワーク　*65*

3.3 対象別サービス　*66*

3.4 地域（家庭）文庫および施設へのサービス　*67*

  3.4.1 学校・児童館・保育園（幼稚園）　*68*

  3.4.2 公民館，女性会館等，公的類似施設　*69*

  3.4.3 地域文庫および家庭文庫　*70*

  3.4.4 病院，高齢者向けサービス　*71*

3.5 集会・文化活動　*71*

  3.5.1 自立した「市民」による文化の創造　*71*

  3.5.2 図書館での集会・文化活動　*72*

3.6 サービスの指標と図書館評価　*73*

  3.6.1 利用実態評価　*74*

  3.6.2 図書館活動評価　*75*

  3.6.3 統計と運営の指針　*76*

第4章　資料の管理（選定・整理・排架・除籍） ……………79

4.1　図書館の資料とは　*79*

4.2　選書と受入れ　*81*

  4.2.1　資料はどう選ぶか　*81*

  4.2.2　図書館で資料を選ぶのは誰か　*85*

  4.2.3　計画的な蔵書（資料）構成　*87*

4.3　資料管理と棚づくりと（利用者にとって探しやすい棚揃えとは）　*88*

  4.3.1　開架方式が図書館を変えた（空間を楽しむ）　*88*

  4.3.2　特定主題・ジャンル別，グルーピングによる書架（排架）分類　*89*

  4.3.3　埋もれていた本に日の目をみせてやる　*91*

  4.3.4　決め手は毎日の棚管理　*92*

4.4　除籍とリサイクル　*93*

  4.4.1　除籍の方法　*94*

  4.4.2　除籍の種類　*95*

  4.4.3　リサイクル　*95*

4.5　出版流通と図書館　*97*

  4.5.1　出版流通　*97*

  4.5.2　再販制とは　*98*

  4.5.3　図書館と再販制　*100*

  4.5.4　装備付き割引購入の問題点　*101*

4.6　図書館資料と著作権　*102*

4.6.1　貸出しと著作権　*103*

　4.6.2　図書館等における複写・複製　*107*

第5章　図書館の人事管理　…………………………………*113*

5.1　図書館職員と人事管理　*113*

　5.1.1　図書館長の役割　*113*

　5.1.2　分館，地区（域）館長について　*121*

　5.1.3　図書館職員の役割　*121*

　5.1.4　人事異動と司書職制度　*129*

　5.1.5　図書館全体の仕事をみんなで分担する　*131*

　5.1.6　仕事の流れについて全体で理解する　*134*

　5.1.7　職員研修　*136*

5.2　臨時職員・嘱託職員　*137*

5.3　図書館の委託　*139*

　5.3.1　「委託」問題の発生　*139*

　5.3.2　業務委託と管理委託　*142*

　5.3.3　業務委託（請負業務委託）　*142*

　5.3.4　管理委託　*146*

　5.3.5　PFI（Private Finance Initiative）と図書館　*151*

5.4　労働組合・職員団体　*156*

　5.4.1　労働者の基本的権利　*156*

　5.4.2　労働組合法と労働組合　*157*

　5.4.3　労働者の権利と義務　*159*

　5.4.4　図書館で働く労働者　*160*

5.4.5　公務員労働者　*161*

第 6 章　図書館の行財政 …………………………………*169*

6.1　図書館と行政　*169*

6.1.1　地方自治制度と住民参加　*169*

6.1.2　地方自治と図書館　*171*

6.1.3　「教育機関」としての図書館　*171*

6.2　図書館の財政　*173*

6.2.1　地方財政について　*173*

6.2.2　予算の作り方　*178*

6.3　条例・規則　*183*

6.3.1　条例について　*185*

6.3.2　規則，要綱，規程について　*187*

6.3.3　要項，基準，内規，マニュアル　*189*

6.4　文書事務　*190*

6.4.1　文書とは　*190*

6.4.2　公文書と私文書　*191*

6.4.3　地方自治体の意志決定と文書主義　*191*

6.4.4　文書の保存と廃棄　*192*

第 7 章　施設管理と運営 …………………………………*197*

7.1　運営問題と施設管理　*197*

7.1.1　開館日と開館時間　*197*

7.1.2　利用者とのトラブル　*197*

7.1.3　館内騒音と BGM　*199*

7.1.4　学習席と学習室問題　*200*

7.1.5　集会室の利用　*201*

7.1.6　喫煙と喫茶コーナー　*202*

7.1.7　忘れ物・落しもの　*203*

7.1.8　持込みノートパソコンについて　*204*

7.1.9　図書館の危機安全管理　*205*

7.2　案内・PR　*208*

7.2.1　館報・利用案内　*208*

7.2.2　ポスター・掲示物などの案内　*211*

7.2.3　投書への回答　*211*

7.2.4　市長部局や他の行政に対する PR　*212*

7.2.5　電話や外来者への応対　*213*

第 8 章　図書館を支える力 …………………………*215*

8.1　図書館協議会　*215*

8.1.1　図書館協議会の性格　*215*

8.1.2　協議会委員の任務　*216*

8.1.3　協議会委員の構成　*217*

8.2　議会運営　*218*

8.2.1　議会とのつきあい方　*218*

8.2.2　議会での質問・答弁　*220*

8.3　住民との連携と公立図書館　*225*

第9章　図書館関係団体 ……………………………………231

9.1　日本図書館協会　*231*

9.2　全国公共図書館協議会　*232*

9.3　図書館学会・研究団体　*233*

9.4　公立図書館以外の図書館協議会　*238*

資　料 ………………………………………………………*241*

あとがき　*269*

索引　*270*

第1章　公立図書館のしごと

1.1　公立図書館の任務と役割

1.1.1　公立図書館の理念

　明治憲法に比べて新しい日本国憲法は「国民主権主義，平和主義，基本的人権尊重主義」の三理念が基本となってかたちづくられている。教育基本法はこの精神に基づいてつくられたもので，図書館法はこの理念を，社会教育法を通じて受け継いでいる。したがって，私たちは公立図書館運営の源泉をここに求めている。

　日本国憲法は3つの理念でかたちづくられているが，国民主権主義（主権在民）ということについて教育学者の堀尾輝久は「国民主権」は「真実を学び，知る権利」をもつことによってはじめて成り立つと次のように述べている。

　　主権が国民にあるということ，国民ひとりひとりが自らの主人公として，自立した主体であることは不可分の関係にある。国民各自が，自立的，探求の精神の主体として，真実を学び・知る権利（学習権）を日常的に行使する主体であってはじめて主権在民の実質も保障される。もしわれわれが，真実を知ろうとせず，与えられた情報に満足し，あてがいぶちの判断に身を

ゆだねるとすれば，そして国民が，政治への参加の権利（参政権）を投票という非日常的な行動のなかだけで見出すとすれば，そこには主権在民の実質はない。

　民主主義とは，つくられた『多数意見』に盲目的に従うことではなく，国民ひとりひとりに自立した主体としての重い責任を課すものである。国民ひとりひとりが不断の学習と探求の主体であって，はじめて，国民主権の実質的担い手たりうる。国民主権と国民の学習＝教育権は，車の両輪の関係にある。そして，学習と教育の権利が国民にあるというとき，それは，国民ひとりひとりが，真実を知る権利，探求の自由をもち自ら自立的，理性的な主体たらんとする思想であり，そのような次代の主権者をそだてようとする思想だといってよい。[1]

公立図書館の任務は住民が必要とする知識や情報を資料提供という形で保障していく，すなわち国民の学習権保障にある。これは住民の立場からは日本国憲法で保障された知る自由，言論・出版・集会・結社・表現の自由等の基本的人権である。牧柾名は基本的人権としての教育権を次の4つの内容「(1)人民の知的・精神的自立—それに密接不可分なものとしての知的探求の自由，(2)労働権の本質的保障，(3)人間が，知的・精神的・肉体的能力を全面的に発達させる権利，(4)自覚した政治主体として，自己自身を形成すること」を含むものとしてとらえている。

　ここでいう，「労働権の本質的保障」とは，「教育権は労働権の本質的保障という意味をもっている」ので，①「公費教育と教育の無

償性」を実現するには「社会保障，生活環境の改善等をふくめた人たるにふさわしい生存を保障」しなければ実現しない。逆に，公費教育は「労働力の保全，再生産費」の一部「私的負担」を軽減するという意味から「労働者の生活条件の改善と，労働権の保障に役立ち，教育機会をすべてのものに開放することを可能にする」と，「公費教育」と「労働者（国民＝筆者注）の生存・労働条件の根本的改善」とは不可分の関係としている。さらに②教育機会の開放が「労働能力の形成」にかかわり「かなり直接的に労働生活の準備もしくは更新にむすびついている」と説明している。[2]

次の平和主義ということについては，憲法第9条の中で「日本国民は，正義と秩序を基調とする国際平和を誠実に希求し，国権の発動たる戦争と，武力による威嚇又は武力の行使は，国際紛争を解決する手段としては，永久にこれを放棄する」と世界に宣明し，第2項で「前項の目的を達するため，陸海空軍その他の戦力は，これを保持しない。国の交戦権は，これを認めない。」と述べている。

かつて，第二次世界大戦のさなか，当時あらゆる言論が統制され，図書館は国民の思想善導の場として戦争に協力させられていた。国民の自由な読書や学問の研究は奪われ，国の方針を批判したものはもちろんのこと，戦争遂行のため戦意をそこなうと称して，自由主義や民主主義の著作，恋愛小説などの出版が禁止された。また，「『蟹工船』が焼かれ，多くの歌集が焼かれ，ロレンス『恋愛詩集』・ボードレール『悪の華』・ジョイス『ユリシーズ』などの翻訳が焼かれた。」[3] ということだった。

当時の日本では情報や知識は国家権力によって握られ，国民はまったく盲目の状態におかれていた。情報は一方的にあたえられ国民はみんな戦争に駆り立てられていったのである。そして，この戦争に反対するものは容赦なく投獄され殺された。

次に，平和を求めるチェコスロバキアの詩人アレクサンドル・ペテロフの詩を紹介しよう。

「二十世紀の四月の日曜日」アレクサンドル・ペテロフ
 昨日は，あの事の五十周年記念日でした。1941年4月6日，ナチスがユーゴに侵攻するにあたって，首都ベルグラードにはげしい爆撃を加えました。市の4分の1が灰塵に帰したのです。その時，ナチスが真っ先に爆弾を落したのは，飛行場などではなく，国立図書館でした。知識人は図書館を過小評価しがちですが，ヒトラーはよく知っていました。図書館が民衆の魂を収蔵しているということを。[4]

独裁者は「人民」が学ぶことをきらう。他国を侵略した独裁者はなおのことその国の文化遺産や施設を破壊する。それはまさに「民衆の魂」を奪うことにより従属させられるからである。かつて日本は朝鮮や台湾民族から言語を奪った。1998年9月に韓国・慶州で行われた韓国図書館協会主催の全国図書館大会で日本図書館協会理事長の栗原均は，挨拶の中で過去の日韓の不幸な歴史にふれ，「民族の貴重な文化遺産を奪い，民族の魂である言葉を奪い，資料を奪っ

たこと」について「心から遺憾の意」をあらわした。[5]

　また，日本はインドネシアでもそこの蔵書を焼却したという。裏田武夫がインドネシアに行ったとき現地の図書館ではある時期の雑誌が欠落していたという。その理由をたずねると「そこの図書館員はいいにくそうに，実は日本軍の占領中のもので，……よく図書館へ来て薪木がわりに製本雑誌を燃やしたと話してくれた。」[6]

　この第二次世界大戦で私たちの先輩は，図書館は「平和」の時代でなければ発展しない，戦争は文化も破壊することを身をもって体験したのだった。その貴重な体験から憲法の「平和主義」を生みだし，それに基づいて教育基本法，社会教育法，図書館法が生まれたのであった。まさに「図書館は平和と民主主義を土壌として成長していく有機体」といえよう。また，情報や知識が一握りの者に占有されるのではなく，ひろく全ての国民で共有すること。これができる機関は公立図書館をおいて外にはないといえる。

　次に基本的人権尊重主義について見てみよう。
　住民は図書館になにを求めているのだろうか。それについて，大阪・豊中市の元図書館長伊藤峻は次の3点を指摘している。
　　a. よりよく生きたい
　　b. よい文化に触れたい
　　c. 学びたい
　人間は誰でもこのような望みをもっている。図書館はこれらの要望に応えるために存在する。憲法第25条には次のようなことが書かれている。

「すべて国民は，健康で文化的な最低限度の生活を営む権利を有する」

すなわち，人間の生活は物質的な面だけではなく，精神的にも，情緒的にも，安定した生活，文化的で豊かな生活を望んでいる。兼子仁はその著『国民の教育権』のなかで「人はだれでもうまれながらにして，教育を受けて学習することによって人間として成長発達していく権利をもっている。これが，発達権とも言われる，『学習権』の考えかた」であり，「憲法13条に『幸福追求に対する国民の権利』が書かれている」と述べている。[7] 図書館に市民が求めているのはこのことである。これら，文化的で健康な「安定」した生活，幸せになりたいという欲求は当然の権利といえる。

さらに，人間の生存と文化的創造について「何人も人間的に意義のあるものを創造し，社会的存在として生きていくことを否定されない，という意味でも，人間の生存にとって教育権は欠くことができない」[8] ものとしている。

このように教育を受ける権利とは「健康で文化的な最低生活を営む権利」であり，「幸福追及の権利」である。それは，同時に人間として真理を求めていくことに通じる。太田堯は「真理は私たちの偏見をはぎとり，私たちを個性的でかつ自由にすると同時に人びとを結びつける，それによって他人の中の自分が見えてくる。真理はわれらを自由にするということばもこのことをさすのだ」[9] と述べている。

公立図書館の理念は以上，日本国憲法の理念を基本的とし，住民の学ぶ権利を保障していくことによってこの理念を広く実施し，自

立した「市民」を育てていくことにあるといえよう。

1.1.2 公立図書館の役割と機能

それでは住民自身が自分の頭でものを考え，自分の考えで行動するということはどういうことなのだろうか。

作家の田辺聖子は次のようにいっている。

　……その国の文化度は何できめるかというと，私としては，その国の人々が，①自分の意見を持っている，②生活を楽しんでいる，ということに尽きるように思われる。もちろん男女とも，である。そして右の二点は，互いに関連しており，無関係ではないのである……。[10]

1963（昭和38）年に出された公共図書館のバイブル的存在といわれている『中小都市における公共図書館の運営』，略して私たちは『中小レポート』と呼んでいるが，このレポートの冒頭に次のような文が掲載されている。

　平和で民主的な文化国家は，真理を愛する国民ひとりひとりの，自由な思考と判断とを基礎として創出され，国民の自由な思考と判断は，国民の知的自由と知識の媒体である，図書その他の記録資料が，国民に積極的に確保されることによって可能となる。

このように「図書その他の記録資料が，国民に積極的に確保される」ことが図書館の存在であり，さらに「真実を知る権利，探求の自由」は学問を行う上で非常に大切なことである。それは，学問ばかりでなく，現在，生活していく上での知識や情報を得ることにもつながる。

先に，公立図書館は「国民の学習権を保障する」機関だと述べた。公立図書館の役割は全ての人々に知識と情報を提供することであり，それは「知的自由」の保障といえる。前掲の『中小レポート』は「知的自由」について次のように述べている。

　知的自由は，国民の基本的人権である学問の自由，言論，出版，集会，結社，表現の自由などとともに，政府並びに国民の不断の努力によって保持されなければならないと同時に，知識の媒体である新聞，雑誌，図書をはじめとした印刷資料並びにフィルム，レコード，点字資料など視聴覚，触覚資料を含めた一切の記録資料が，国並びに地方公共団体によって国民（住民）に自由に，公平にそして積極的に提供されることによってより現実的となり，より拡大されるといわなければならない。図書館は，まさにこのような国民のために知識の糧を提供する任務を担う，文化教育の必須不可欠の機関として位置づけられるべきである。[11]

さらに東京・日野市立図書館の元館長で，その後，滋賀県立図書館の館長になった前川恒雄は次のように述べている。

民主社会はすべての人が自分で考え，自分で判断し，自分の責任で行動することが前提となって成りたっている社会である。一方すべての人に自由にその判断資料を提供し，読書という営みによって考える力を養なう材料を提供するのが公共図書館である。この意味で公共図書館は民主主義社会を基礎から支えている機関であるといえる。[12]

この「すべての人に自由にその判断資料を提供し，読書という営みによって考える力を養なう材料を提供する」ことを公立図書館では「貸出し」を中心とした図書館業務で担っている。

貸出しとは，このような市民の"知りたい，学習したい"権利，「学習権」を保障する具体的方法である。それは，市民の求める資料を図書館の責任において（全図書館組織を使って）提供することであり，図書館業務の全てはここから始まるといえる。その中身は，住民の知的要求に応えるため，レファレンスや資料相談，予約・リクエストの業務をとおして探しだし，その資料を確保し提供することである。

ユネスコ公共図書館宣言1994は「民主主義を発展させることは，十分な教育が受けられ，知識，思想，文化および情報に自由かつ無制限に接し得ることにかかっている」とし，財政，法令，ネットワークの項で「公共図書館は原則として無料とし，地方および国の行政機関が責任をもつものとする」とうたっている。

学習権保障のための資料の提供が全ての住民に行われるためには公立図書館の利用は「無料」であることが必要である。

日本では1950年の図書館法に図書館利用の無料を掲げている（図書館法第17条）。

　一方，文部省の生涯学習審議会の社会教育分科審議会計画部会図書館専門委員会では1998年10月27日『図書館の情報化の必要性とその推進方策について―地域の情報化推進拠点として―（報告）』を出した。これによると，図書館法第17条の「いかなる対価をも徴収してはならない」ということについて，「今後公立図書館が高度情報化時代に応じた多様かつ高度な図書館サービスを行っていくためには，電子情報等へのアクセスに係る経費の適切な負担の在り方の観点から，サービスを受ける者に一定の負担を求めることが必要となる可能性も予想される。」と「有料」化の方向を示し，「図書館においてインターネットや商用オンラインデータベースといった外部の情報源へアクセスしてその情報を利用することは，図書館法第17条にいう『図書館資料の利用』にはあたらない」として，法17条の適用を回避している。[13] これは，「規制緩和」を理由として「無料の原則」をゆるがし，有料化の選択を可能にし，国民の利益に反するおそれがある。

　今後，図書館資料のメディアが多様化することによって，資料の媒体，提供手段が時代と共に変化することも考えられる。このような変化にあっても，住民に対する情報や知識の提供は公立図書館として少しも変わるものではないし，変わってはならない。電子化がすすむことで，媒体の形や提供方法に違いがあっても図書館が提供する資料は無料でなければならない。

　特に通信料などについては，図書館だけでなく大学や研究機関を

含めて，公的に一般市民に開放している機関については免除にするなどの方策を関係機関に対して要望していくことが必要である。

1.1.3 公立図書館の任務
(1) 資料の保存と未来への継承

図書館は過去の人類の文化的遺産である著作物を保存し未来に継承していく任務を持っている。そのため，資料を整理し保存していく機能が運営の根幹をなしている。従来，資料というと紙などの媒体に記されたもので，それは石，粘土，獣骨角，羊皮，竹，木，紙などその時代の生活の中から生まれてきた。15世紀のグーテンベルクによる印刷機の発明によってここ500年，紙に印刷されたものが主流となってきた。

歴史的には紀元前30世紀，メソポタミアを中心とした西アジア地方でくさび型（楔形）文字で書かれた粘土板からはじまり，エジプトのヒエログリフ文字，中国の甲骨文字，パピルスや羊皮紙などによって，それぞれの時代における人々の生活や考え方が記録され，現在まで伝えられている。

その後，宗教の発達によって神仏の教えを広げるために多くの図書が作られ，それを読むところが設けられていく。やがて書物は貴族など一部の特権階級のものだけではなく，神仏の教えを学ぶ者に与えられるようになり，保存と利用ということが行われるようになってくる。

紙が日本に伝わったのが7世紀（610年），8世紀にはペルシアのバグダッドに伝わり，10世紀にエジプトから地中海沿岸，ヨーロッ

パに広がっていったといわれる。

紙と印刷術の出現によって書物は大量につくられ一般大衆もそれを読むことができるようになった。ヨーロッパで急速に書物が発達したのはマルチン・ルターによる宗教改革運動で，グーテンベルクにより発明された印刷機を駆使して大量宣伝を行った結果といわれている。

このように，書物はその時代の思想や生活などを遙かな後世に伝えることになり，現代に生きるわれわれが先人の知識や教えに学ぶことができるようになった。それを可能にしたのが図書館である。

カール・セーガンは著書『コスモス（COSMOS）』の中で，「体の外に，社会的な"記憶"を貯える方法を発明したのは，この地球上で私の知る限り人間だけである。そのような記憶の倉庫は，図書館とよばれた」[14]と述べている。

塩見昇によれば，Library は樹皮を意味するラテン語 liber に場所を示す接尾語 -ry がついて Library となった，また，Bibliothek について，ギリシャ人はパピルスで作った書物をビブロスと呼んだ，それが変形した Biblio に場所を示す接尾語の -thek がついた，という。[15]

図書館は，これら先人の資料を未来の人類に継承していく任務をもっている。

(2) 地域文化の育成と発達

図書館はさまざまな文化を次の時代に伝える。伝えられた芸術，文化はその時代の中で地域を主体とした新しい創作活動を生み出す。

その生み出すもとが図書館であり，公民館・博物館であった。また，このような活動は地域を良くしようとする市民の連帯や共同を生み，この連帯と共同の中から市民自からの手で地域に合った自分たちの「教育と文化」がつくり出されていく。そして，高めあう努力の中で，生活に新しい価値が生み出され，地域に「教育力」を広げていく。

現在の日本の文化的特徴は，中央集中型というか，情報や知識を含めて全てが中央に集中している。また，最近では民間の教育文化産業も盛んになってきて，教育や文化が商品として売られている。

このような情報や知識の状況は，放送，通信メディアの発達によってさらに拍車がかかり，彼ら（占有者）にとって都合のよい情報や知識が意識的に流されてきている。

外国のニュースが居ながらにして見られ，遠い地方のことがよくわかる。情報化時代というのはこういうことをいうのか，便利ですばらしいことだ，と知らず知らずのうちに納得させられてしまう。

しかし，地球の裏側の情報は素早くわかるが，身近な情報や知識，知りたい情報や知識はまったくわからない。

いま一番大事なのは一つの地域を見たとき，そこにどんな人たちが，どんな考え方で，何をしているのかについて互いが知ることである。そして，地域での連帯や共同によって互いが励ましあうことではないだろうか。ところが，都市化され社会構造が変化した現在の私たちが住む地域では，こうした機能はいつの間にかなくなってしまっている。つまり，個々人がばらばらにされてしまって身のまわりが見えないようになってしまっている。そして，与えられた文

化や情報が知識の中で生活させられ，知らず知らずのうちに満足させられている。

しかし，そうではなく，地域に住む個々人，それぞれが持っている何らかの経験や，それに裏打ちされた文化的欲求，他の文化表現では満たされない自分自身の要求を開花させること。そのような，自らが表す，創る，という意欲を地域の連帯と共同とで生み出すこと。この生み出す「力」が地域に「教育力」を育てていくことに連なる。

これらを援助し発展させていくことが，これからの図書館の進むべき道ではないかと思う。地域で図書館が核となり地域の文化を発展させていく，文化の中央集権ではなく文化の地方主権，地域に立脚した自立した文化をつくり育てていくことが今一番求められているのではなかろうか。

(3) 自治体の発展と図書館（まちの発展にどう役立つか）

図書館はまちの発展のためにどのように役に立つか。住民の学習権を保障するとともに，具体的に生活や仕事に役立つ，市や町（村）の行政にとっていろいろな資料や情報も提供していくと同時に，行政の各部課と提携して事業を進めていく。

東京・日野市の市政図書室は市役所のなかにあって，行政資料を用意し市民に行政の中身を提供していくと同時に，議員や市役所の職員に対しても他の自治体や民間を含めた機関の情報や資料を提供している。千葉・浦安市の図書館では新聞切り抜きサービスを行い，その日の新しいニュースを毎朝市役所の全部局に送っている。また，

ある市の図書館では障害者や乳幼児，老人の保健に関してのサービスで福祉課や保健所との連携を行っている。土木部の公園緑地との提携による市内の自然観察を実施している図書館もある。

　埼玉・鶴ヶ島市立図書館では，広域下水道組合で汚水を浄化した水でホタルの飼育を行っていることに範を受け，図書館の庭にある小川の浄化とその水でホタルを飼育して，1999年の夏には図書館の庭でのホタル鑑賞会を企画している。また，昔は近所の小川で自由にとれたタナゴも，最近はあまり見られなくなったため，図書館のホールに水槽をおき子どもたちにタナゴを見せている。

　長野・飯田市立図書館では市役所の保健婦さんに頼んで時間を分けてもらい，毎月，8か月乳児検診の折，母親への絵本の講座を行っている。内容は，まず，図書館の利用案内と図書館で作った0〜3歳児用の絵本リストを配り，赤ちゃんの脳の発達，絵本は5か月くらいから理解できること，言葉をかけてやることの大切さ，テレビと絵本の違いなどを20分間話している。

　過疎化に悩む北海道の置戸町では，昔から林業が盛んで，戦前の最盛期には人口が1万2千人くらいいた。その後，林業が外国材にとってかわられ過疎化がすすんで，現在では4千人くらいになっている。元館長の澤田正春は「図書館は資料要求を高めるために集会行事を持ち，文化活動や事業を行なう。また，地域の生産や生活に役立つ資料の提供をし，地域課題との結びつきを深めながら，その役割を増幅しつつ地域のなかに根を張っていく」[16]と述べている。置戸町では図書館が「木とくらし」をスローガンに組木をくみこんだ本棚に「木とくらし」の本を並べ資料提供を行うとともに，工業

デザイナーの秋岡芳夫に指導を依頼し器づくりを始めた。それはやがてオケクラフトとして町の産業になっていく。器から曲げ輪,曲げ桶もうまれる。器に盛るものとして食べ物,食文化が研究され,自分たちの健康とあわせて食生活も考える。また,そこから昔からの産物としての白花豆の焼酎や山葡萄のワインをつくり始める。

このような食文化の発想から,多くの農家で飼っている羊の肉の加工品,冬は零下20度にも下がるため,寒冷地に向いた羊毛による織物加工などが町の産業として動きだしている。澤田は次のように述べている。

　人が生存するっていうのは,働くことができる,住むことができる。発達っていうのは,人間が生きていくために学習することもそうですし,楽しみながら伸びていくこととかいろいろあると思うんです。そういう視点でいなかを見てみたときに,学習保障という役割が地域にある。そういう中で図書館は大きな役割を持っています。[17]

(4) **出版文化への貢献**

現在,日本には出版社が約4千社あるといわれている。そのうちの80％くらいは中小出版社である。日本の出版物の約80％は逆に20％の中堅・大手の出版社から出されている。

出版物というのは他の商品と違い,それぞれの著作物には著作者の人格と思想があり,それは金額や出版量,出版社の大小で優劣をつけることはできない。

現在，年間の出版点数は約7万点といわれている。この中には図書館が必ずしも買わなくてもよいものが多く含まれているが，逆に欲しいものがなかなか手に入らないことがある。特に良心的な小出版社や学術専門の出版社の図書などは，誰でもが購入するというものでないため発行部数も少なく，部数が少ない分販売価格が高く，そんなには売れない。これらの出版物は図書館では必要なものが多いが，これもすべての図書館が買うとは限らない。もし，これらの中小出版社の図書をすべての図書館が購入できればこれらの出版社を支えていくことができ，日本の文化の発展にとっても大きな貢献を果たすことになる。英米の諸国では公立図書館がこれらの出版物を買い支えて，良書の普及を図っている。

新しい時代の図書館が利用者の期待に応え，より良いサービスを行うために，住民にもこのことについての理解を求め，図書館自身がよって立つ出版文化を大事にする常識を図書館界に定着させる努力が今求められていると言えよう。

1.2 図書館組織網と広域サービス

1.2.1 図書館組織網（図書館サービス網）

図書館というのは建物をさすのではなく，その機能をさす。図書館の機能は本館（または中央館），地区（域）館，分館，分室，移動（自動車）図書館，等で構成され，それぞれがその特色を活かして働いている。これらを図書館組織網または図書館サービス網という。また，この構成を太陽系になぞらえて「図書館系」と定義づけている説もある。[18]

複数の図書館がある自治体の中では,近年コンピュータの発達により,ネットワーク・サービスが広がっている。しかし,それは単なるオンライン・ネットワークによるだけでなく,資料流通がともなってはじめて完成するものといえる。

東京・墨田区ではシルバー人材センターによりバイク便で,埼玉・新座市,鶴ヶ島市では配送会社による連絡便がそれぞれ1日数回の配送を行っている。これによって,午前中にリクエストした資料が午後には利用者の手に渡るようになっている。

(1) 地区(域)館,分館,分室

分館・分室等についての定義は明確にされてないが,各機関において一応の考えがあるので以下に紹介する。

　a.地区館(地域館)

本館に準ずるもので本館と同等の機能・運営設備をもっている。一定の広い地域に責任をもち,分館や分室等の組織をもつものもある。また,自治体によっては分館的役割を担っているものもある。

　b.分館

文部省によると,「分館というのは本館に対して用いられる言葉であるが,図書館奉仕の活動が図書館の所在地住民に均等に及ぶように,本館から離れたところに衛星的に設置されるものである。」(『図書館法逐条解説』1950年)

日本図書館協会では『日本の図書館』の対象の分館を,「図書館に関する設置条例もしくは施行規則で分館と位置づけられているも

の。または次の項目を満たしているもの」として，「(1)分館としての建物，または独立の部屋がある，(2)分館だけの仕事に従事する専任の職員がいる」[19] をあげている。

図書館問題研究会では「本館に対して，外部に分かれて作った施設・組織。図書館のサービス活動を，均等に全地域の住民に及ぼすために設置される図書館施設であり，本館と指揮命令系統が一つで，図書館奉仕を行う拠点となる。施設と一定数の蔵書（3～5万冊）と正規職員を持っており，一定の権限内で独自に運営機能をもつ」[20] と述べている。

　c．分室

公立図書館が全域サービスを展開するにあたって設置するサービス・ポイントで，本館，分館につづく規模の施設。分室には本館から図書やその他の資料を配本し，一定の間隔（1か月くらい）をもって資料の新陳代謝を図りながら，3千冊ないし1万冊くらいの図書を常置しておく。開館時間は必ずしも毎日，全日ではなく週2～3日，または午後からとかの開館のところもある。

分館・分室等は本館や中央館ではできない地域に根づいたきめ細かなサービスを行い，資料の構成や配置に特色をおいた運営を行っているところもある。特に注意したいのは，蔵書数の少ない分館・分室等では常に新鮮な資料の供給が欠かせないことである。

(2) 移動図書館（自動車文庫・自動車図書館）

分館，分室は固定した位置に開館する施設であるが，移動図書館は文字通り図書館が移動していく施設である。これは広範囲な自治

体にあって，住民が図書館まで足を伸ばすのが不便な地域では，図書館がこちらから住民の方へ出向いていって図書館業務を行う。現在はほとんどが自動車を使っているが，離島や海岸線では船が，かつては馬車や鉄道，リヤカー（手押し車）などが使われた。

近年，都会地では駐車場の問題や訪問の間隔が長いこともあって，利用が減ってきたといわれるが，遠くの図書館まで行けない少数の人々にとっては便利な存在である。また，児童の利用減から小学校の昼休み時間や放課後に訪れて貸出しを行うところもでてきている。今後は朝夕の駅頭での開設，昼間の繁華街やビジネス街での利用など，図書館の宣伝車としての広告塔を含めた運営が考えられる。

1.2.2 図書館間協力と相互貸借

図書館協力については図書館法第3条の第4号と第8条に相互貸借を「行うこと」と「協力を求める」ことが明記されている。相互貸借は，自分のところにない資料を他館から借りて利用者に提供するサービスで，これは貸出し・予約・リクエストとレファレンスなどの一体の中から生まれる。図書館間の協力事業が成り立つには，それぞれの図書館が必要な資料費を持ち各館が自立した存在でなければならない。協力館同士は自主性，自立性を尊重し，相互の実情に見合った組織づくりが大切である。

『図書館用語辞典』では，協力の内容による種類として次のものをあげている。

(1) 図書館奉仕上の協力…相互貸借，文献複写の相互提供，共

通貸出し，レファレンス処理の相互依頼，広報の共同実施，情報検索機器などの共同利用

(2) 資料の収集・保存上の協力…共同選択および共同購入，資料の分担収集・分担保存，資料交換，資料の共同保存，共同製本

(3) 資料整理上の協力…集中整理，総合目録

(4) 図書館管理上の協力…人事交流，職員の研修，図書館評価，図書館調査，図書館用品の共同購入，図書館設置振興のための協力[21]

1.2.3 広域ネットワーク

(1) 広域利用とは

最近，図書館の広域利用が進んでいる。これは行政区域境にすむ人々にとって非常に便利な制度である。また，この制度を利用して今までできなかった事柄もさまざまな形で進めることができる。この制度をうまく活用できれば，これからの新しい時代の図書館組織網をつくり上げ，新しい図書館運営に道を開くことになるだろう。

澤田正春は「設置率が高まり，町村に図書館機能が定着してくれば，自治体単独運営を基盤としながらも町村図書館は効率という視点から新たなステップをふみ出す可能性も持っている。近隣市町村との実質的な共同の補完事業である。」と述べている。[22]

図書館は公の施設である。この公の施設の利用については地方自治法第10条の2および244条に規定されている。

(公の施設)

第244条　普通地方公共団体は，住民の福祉を増進する目的をもってその利用に供するための施設（これを公の施設という。）を設けるものとする。

2　普通地方公共団体（次条第3項に規定する指定管理者を含む。次項において同じ。）は，正当な理由がない限り，住民が公の施設を利用することを拒んではならない。

3　普通地方公共団体は，住民が公の施設を利用することについて，不当な差別的取扱いをしてはならない。

この条文の解釈運用について長野士郎は次のように記している。

　本条第2項及び第3項は，第2項で利用関係の発生についての不当な拒否を禁じ，第3項で利用関係の継続中における不当な差別的取扱いを禁じ，あわせて公の施設の適正な利用を確保しようとするものである。これらにおいて禁じられるのは，当該普通地方公共団体の住民に対する不当な利用拒否，不当な差別的取扱いであり，他の地方公共団体の住民に対する利用の拒否ないし制限，差別的取扱いについては本条の関知するところではない。しかし，憲法第14条の趣旨を体して，事情の許す限り，当該普通地方公共団体の住民と同様の取扱いをすべきである。したがって，図書館の入館，公立大学の入学等を当該普通地方公共団体の住民でないことを理由に拒否すること，他の普通地方公共団体の住民が公の施設を利用するに当たり著しく多

額の使用料を徴する等不当に不利益な利用条件を課すること等は適当ではない。しかし，当該普通地方公共団体の住民をして他の地方公共団体の住民に比してある程度優先的に公の施設を利用させ，また公立大学に入学した他の地方公共団体の住民から当該普通地方公共団体の住民たる入学者よりもある程度多額の入学金を徴すること等は許されよう。なお，不当な差別的取扱いは禁止されているが，合理的な差別的取扱いは当然許される。たとえば，生活困窮者に対して使用料を減免すること，貴重な図書の閲覧に当たっては特定の資格を要求すること等は許されることはいうまでもない。

さらに，244条の3は次のように記している。

（公の施設の区域外設置及び他の団体の公の施設の利用）
第244条の3　普通地方公共団体は，その区域外においても，また，関係普通地方公共団体との協議により，公の施設を設けることができる。
2　普通地方公共団体は，他の普通地方公共団体との協議により，当該他の普通地方公共団体の公の施設を自己の住民の利用に供させることができる。
3　前二項の協議については，関係普通地方公共団体の議会の議決を経なければならない。
　この条文の解釈も以下のとおり述べている。

解釈

　3　普通地方公共団体は，その区域に自治権の及ぶ範囲は限定されるから，他の地方公共団体の公の施設を自己の住民に使用せしめることは当然にはできないし，住民も自己の属しない地方公共団体の公の施設を当然に使用する権利は有しない（法10の2）が，上下水道，ガス，火葬場，病院，市場，墓地等の公の施設は，必ずしも自己の住民の使用にのみ限定せず，他の地方公共団体の使用をも認めることがその設置の目的からも又その維持の上からも適当なことが少なくない。そこで，他の地方公共団体の公の施設を自己の住民の使用に供させることができる道を開いている。

運用

　4　本条第2項により他の地方公共団体に公の施設の使用を認めた場合にも，もちろん使用料を徴収し得るし（法225），場合によっては，自己の住民とは異なった額の使用料を徴収することも可能と思われるが，使用料等については協議の内容としてその取扱を定めておくことが必要であろう。また，その使用権につき異議があるものは，異議の申立てができる（法244の4）。[23]

　図書館の広域利用について，第244条の公の施設としての運用にあたっては「憲法14条の主旨を体して，事情の許す限り」住民と同様の取扱いをもとめている。また，第244条の3では「上下水道，ガス，火葬場，病院，市場，墓地等」の公の施設については「設置

の目的からも又その維持の上から」も「他の地方公共団体の使用をも認める」とあり，図書館のような施設とはその性格が大幅に異なるものについて述べており，限定的に見ることを示唆しているようにとれる。

さらに，『地方財務実務提要』によると，公民館，町民体育館の事例について次のように解説している。[24]

> 問　公民館，町民体育館等の公の施設は，自治法第244条の3第2項の規定による協議を経なくても，他市町村の住民に使用させることができるか。
> 答　普通地方公共団体（以下「団体」という。）の自治権の及ぶ範囲は，当該団体の区域に限られるのが原則です。他の団体の公の施設を自己の住民に利用させ，あるいは住民が自己の属さない他の団体の公の施設を利用する権利は，当然にはありません（自治法第10条第2項参照）が，上下水道，ガス，火葬場等の公の施設には，他の団体の住民の利用を認めた方が，設置目的，維持運営上適当なものもあります。このような場合について，同法第244条の3第2項は，他の団体の公の施設についても協議により自己の住民の利用に供せしめることができることとしているわけです。
>
> しかし，一の団体の設置する公の施設であっても，道路，バス，電車等を典型として，本来その利用者を自己の住民に限定していないものについてまで協議がなければ他の住民は利用できないと解する理由はありません。設問にある公民館，町民体

育館等についても，それらが本来自己の住民にのみ利用せしめることを目的としているかどうかによって，他の団体の住民が利用するに当たっての協議の必要の有無を判断すべきものです。

これによれば，これらの施設が「本来自己の住民にのみ利用せしめることを目的としているかどうか」ということで，当該自治体の意志に委ねられるとしている。

地方分権の拡大の中で意志決定権は当然自治体に帰すべきであるが，広域行政，市町村合併の動きのなかで公の施設の他地域住民の利用は時代の趨勢といえよう。ただ，自治体としての権限と責任のためにも首長または教育委員会もしくは議会等の承認と決定は必要であろう。

(2) 広域利用の運営

広域利用は，その運営実態がつねに各自治体の主権を守る立場で行われなければならない。それは，とりもなおさず，市町（村）民・議会の監視の範囲と，それぞれの利用者のプライバシーが守られることが原則であり，特定の自治体や図書館に負担が集中するような運営は行ってはならない。また，これを実施するにあたっては，各自治体はそれに要する費用を応分に分担し，必要な経費を予算に計上すべきであろう。

また，広域自治体間で相互に職員を交流し実施研修を行うことや，利用券の統一，相互の連絡車運行など地域住民の利便性を考える方向で運営されなければならない。[25]

注

1) 堀尾輝久「国民主権と国民の学習権」『教育基本法文献選集　8　教育権と教育行政』学陽書房，1978, p.73
2) 牧柾名『教育権』新日本出版社，1971, p.181～183
3) 大類雅敏著『焚書夜話』栄光出版，1981, p.171
4) 谷伍平（北九州市立美術館長）「言葉と図書館」『ひろば北九州』第79号，1991年6月，p.26所収
5) 「日韓図書館の架け橋に―日図協，韓国図書館大会に出席」『図書館雑誌』1998年11月号，p.975
6) 裏田武夫著「図書館と戦争責任の問題―風化しない事実と贖罪」『図書館学の創造』日本図書館協会，p.138
7) 兼子仁著『国民の教育権』（岩波新書）岩波書店，1971, p.115
8) 前掲『教育権』p.183
9) 太田堯『教育とは何かを問いつづけて』（岩波新書）岩波書店，1983, p.155
10) 田辺聖子「レマルクとシャクナゲ」『乗り換えの多い旅』暮らしの手帖社，1992, p.64
11) 日本図書館協会編『中小都市における公共図書館の運営』日本図書館協会，1963, p.19
12) 石井敦，前川恒雄共著『図書館の発見』日本放送出版協会，1973, p.23
13) 『図書館雑誌』1998年11月号，p.1032～1037
14) カール・セーガン『コスモス（COSMOS）』朝日新聞社，1980, p.218
15) 塩見昇『図書館概論』（JLA図書館情報学テキストシリーズ　1）日本図書館協会，1998, p.11
16) 澤田正春著『山あいの図書館と地域のくらし―置戸図書館と共に歩んで』日本図書館協会，1992, p.93
17) 前掲『山あいの図書館と地域のくらし―置戸図書館と共に歩んで―』

p.126
18) 森崎震二「図書館用語としての『図書館系』」『図書館評論』23号, 1982, p.20
19) 『日本の図書館　統計と名簿1998』日本図書館協会, 1999
20) 図書館問題研究会編『図書館用語辞典』角川書店, 1982, p.575
21) 前掲『図書館用語辞典』p.446
22) 前掲『山あいの図書館と地域のくらし―置戸図書館と共に歩んで―』p.97
23) 長野士郎『逐条地方自治法　第12次改訂新版』学陽書房, 1995
24) 『地方財務実務提要』12章公の施設, 第4節区域外設置等, 平成11年4月20日追録327号, ぎょうせい
25) 飯野恭子「図書館サービスの広域利用実現にむけて―埼玉県入間東部地区2市2町の事例」『図書館雑誌』1991年10月号, p.672

第2章　図書館の自由とは

2.1　図書館「自由宣言」の誕生

2.1.1　「自由宣言」の発端

　1954（昭和29）年5月，全国図書館大会において「図書館の自由に関する宣言」が採択された。これは1952年，埼玉県公共図書館協議会から日本図書館協会（日図協）への「図書館憲章制定促進について」という申入れに端を発している。

　当時は，朝鮮戦争（1950年勃発）をはじめとする社会・政治状況の中で，アメリカのマッカーシーに代表される「赤狩り」が発端となって政治弾圧，思想弾圧が日本にも上陸し，あちこちの図書館や読書会が官憲の干渉や妨害を受けた時期であった。さらに，52年5月1日のメーデー事件は政府をして破壊活動防止法（破防法）案が国会に上程されるにいたった。

　ちょうどその直後，1952年5月20～23日，福岡市おいて日図協総会と，引き続き九州各地で全国大会が開かれた。この大会参加者の中から破防法反対決議の動きがあったが，提案までにはいたらなかった。この後，『図書館雑誌』7月号において当時の日図協事務局長有山崧は「Editorial Forumue」上で「九州大会・破防法」について図書館員のとるべき立場を指し示した。これが図書館の中立

論争を生み出すもととなった。少し長いが現在でも通じる図書館員の基本的なあり方を示しているので紹介する。

有山は「破防法」が成立すると戦時中のように「資料の入手公開が圧迫され、図書館の中立性、自由が犯される」から反対すべきであるという意見を認め、たしかに『破防法』は政治問題である。しかも、思想問題にからむ。それ故少しでも民族や国家の前途を考え思想や文化に関心ある者ならば、無関心でいられる筈がない。特に図書館は、information center として、資料の提供の点からいって、切実に影響される。従って図書館の立場から、何らかの直接的意思表示をしたくなるのも当然である」としつつ、以下のように述べている。

> 然し図書館界が「破防法」について直接発言することは、厳々戒むべきことであると信ずる。
>
> 図書館が本当に information center として、客観的に資料を提供することを以ってその本質とするならば、図書館は一切の政治や思想から中立であるべきである。
>
> この中立性を破って直接政治や思想の問題に口を出すことは、それ自身図書館の中立性の自己侵犯で自殺行為である。
>
> 「破防法」の賛否は国民が決定するのである。
>
> ……従って「破防法」に関して、図書館が重大な関心を有するならば、それについてのいろいろの information を国民に提供し、国民の判断の資に供する努力を今こそやるべきである。
>
> 主役たる国民への奉仕、それが図書館に課せられた謙虚な役

割である。

舞台裏にあるべき者が，舞台に踊り上がって自ら一役演じたら，芝居は成立しない。

今の瞬間そんな手温いことをして，「破防法」ができて図書館が圧迫を受けたらどうする。

その時は，その事実を国民に訴えて，国民の判断によって決定すべきである。

そこが図書館の見識である。近代社会が主権在民で，民衆の総力によって運営されるべきものであるならば，われわれは民衆を信じ，民衆への不断の奉仕を怠ることなく遂行すべきである。[1]

当時の社会状況の中では図書館員の「破防法」に対する危惧の念が強かったのである。『図書館雑誌』はそれら会員の空気を察知し「沈黙は現実への服従を意味する」と8月号に「図書館と中立について」の誌上討論を提案し，10月号からは「図書館の抵抗線」という見出しのもとに翌53年3月まで討論を続けた。

「破防法」はこの年（1952年）7月に成立する。翌53年10月ワシントンにおいて池田・ロバートソン会談が開かれ日本の保安隊を強化し，自衛隊とする軍備強化が話され，当時はそれを再軍備といった。また教員の政治的行為を制限する「教育の中立」論争が行われ，54年の第19国会には，再軍備をめざす防衛2法案，新警察法，教育2法案が可決された。この年はまさに日本の平和と民主主義にとって忘れることができない年でもあった。とくに教育にとっては教育

委員の公選制度がこの改定によってなくなったことであった。これら一連の政治的反動を称して当時の人々はこれを「逆コース」と呼んだ。

「自由宣言」採択の前後には、このような社会状況の背景があったのである。

さて、「自由宣言」制定の発端は、埼玉県の秩父市で、中島健蔵を囲む座談会にかかわって、市立図書館に警察官の立入り事件が起きた。この他、県・市町立をはじめとする県内の図書館のあちこちでこのような事件が勃発した。

これらの事件をきっかけとして「図書館憲章制定促進」が1952年11月30日、熊谷市立図書館において参加者全員の賛成を得て、埼玉県立図書館がとりまとめ、当時の館長韮塚一三郎が有山に文書を手わたした。

こうした経緯を経て、1954年5月の全国図書館大会において、「図書館の自由に関する宣言」(自由宣言)が主文のみ採択されたのである。

2.1.2 図書館の自由に関する宣言

1954年の「自由宣言」主文は以下のとおりである。

基本的人権の一つとして、「知る自由」をもつ民衆に、資料と施設を提供することは、図書館のもっとも重要な任務である。

図書館のこのような任務を果すため、我々図書館人は次のことを確認し、実践する。

1.　図書館は資料収集の自由を有する。

　2.　図書館は資料提供の自由を有する。

　3.　図書館はすべての不当な検閲に反対する。

　図書館の自由が侵される時，我々は団結して，あくまで自由を守る。[2]

2.1.3　1979（昭和54）年の改訂

　1965年以降，練馬のテレビ事件[3]をはじめ，利用者のプライバシーにかかわる数多くの事件が起き，著作物やテレビドラマでも図書館を舞台にこのような事件を扱う例が放映されるようになった。図書館の利用が高まり，世間に知られることと比例して，この種の問題も多く出された。また，部落問題にかかわってプライバシーの問題が論議され，その結果「自由宣言」の改訂が行われた。[4]

　1979年の改訂では，主文の第3項に「図書館は利用者の秘密を守る」を新たにつけ加え，従来の第3項を第4項とした。「不当な」は削除された。そして第3項の副文に次の内容を書き込んだ。

　1　読者が何を読むかはその人のプライバシーに属することであり，図書館は，利用者の読書事実を外部に漏らさない。ただし，憲法35条に基づく令状を確認した場合は例外とする。

　2　図書館は，読書記録以外の図書館の利用事実に関しても，利用者のプライバシーを侵さない。

　3　利用者の読書事実，利用事実は，図書館が業務上知り得た秘密であって，図書館活動に従事するすべての人びとは，この秘

密を守らなければならない。

1979年（昭和54年）改正の「宣言」
1．図書館は資料収集の自由を有する。
2．図書館は資料提供の自由を有する。
3．図書館は利用者の秘密を守る。
4．図書館はすべての検閲に反対する。
　図書館の自由が侵されるとき，われわれは団結して，あくまで自由を守る。

2.2 利用者の秘密とは何か

2.2.1 利用者の秘密

利用者の秘密としては，概ね次のようなことが想定できる。
　①利用者の氏名，住所，勤務先，在学校名，職業，家族構成
　②いつ図書館にきたかという行動（利用）記録，その頻度
　③施設の利用目的，内容
　④何を読んだかという読書事実，読書記録，リクエストおよびレファレンス記録
　⑤どういうものに関心があるかという読書傾向
　⑥複写した内容と複写の申込書などの記録

2.2.2 秘密を守る義務とは

日常の事例としては次のようなことがある。
　a．利用カードや図書が拾われて交番に届けられて，警察から

利用者の姓名や電話・住所を聞かれた。
  b．子どもがリクエストして，その本の連絡で親に電話した時，親からその書名をたずねられても答えなかったので親は怒りだした。
  c．リクエスト・カードの半券を利用者に返したら驚かれた例。
「誰がどういう目的で借りたのか」などの利用した住民の読書（利用）事実は外部に漏らしてはならない。これは憲法第19条の〔思想及び良心の自由〕，第21条の〔集会・結社・表現の自由と検閲の禁止・通信の秘密〕にかかわる基本的人権の問題でもある。

　この「利用事実」は憲法第35条に基づく令状を確認した場合を除いて，官憲を含むあらゆる団体・個人に対しても守られなければならない。

　地方公務員法第34条「職員は，職務上知りえた秘密を漏らしてはならない。その職を退いた後も，また，同様とするとする。」とある（国家公務員法は第100条）。このように公務員として「守秘義務」があるが，これは一般的な行政記録や公権力の行政事務による内容を守るものである。

　図書館で扱う内容について「自由宣言」がうたっているのは，戦前の反省と，図書館を利用することが利用者自らの意思に基づいて，図書館への信頼を前提として行われたもので，それを慎重に扱うことが図書館という事業の遂行に欠かせないとの考えを強く社会に訴える必要からであった。

2.3 犯罪捜査の照会とその対応について

刑事訴訟法第197条第2項には,「捜査については,公務所又は公私の団体に照会して必要な事項の報告を求めることができる」とある。また,図書館は教育委員会の一部組織として,警察の捜査について,学校などがお世話になっているからという理由から簡単に協力しがちである。一般行政の職員にとっては,これを拒むことにむしろ異論を持つ者もある。

しかし,利用者の読書の秘密というのは憲法で保障された国民の基本的権利をはじめ,個人の尊厳,生命,自由および幸福追求の権利などからなっており,何人もこれを侵すことができない権利である。渡辺重夫はこのことについて法学者の論をひき,刑事訴訟法第197条第2項「捜査について」,公務員の守秘義務の範囲として次のように述べている。

まず,プライバシーについて,「個人の私生活保護という人格的利益をその対象とする権利として把握されるから,かような人格的生存に不可欠な権利自由を包摂するものとして,その根拠を憲法13条に求めることが可能となる」[5] と引用し,さらに「個人の自由な人格の発展にとって必要な権利が13条によって包括的に保障されており,そしてこのことによってプライヴァシーの権利が憲法的に根拠づけられうる」[6] として,プライバシー権を個人の尊厳,生命,自由および幸福追求の権利をうたっている憲法第13条によることを明らかにした上で,「求められた事項が,国民の基本的人権の侵害と結びつくような事項……こうした事項の場合も報告義務はない。

こうした捜査は，刑事訴訟法の目的（第1条）に反するからである」[7]と明快に述べる一方，「図書館利用者の読書事実や利用事実も公務員法でいう『職務上知り得た秘密』のなかの個人的秘密にふくまれる」ので，「図書館員が負うこうした情報の秘匿義務は，単なる『倫理的義務』であるだけでなく『法的義務』でもあるということができる。それ故，図書館員は刑事訴訟法197条2項に基づく捜査機関による読書事実や利用事実に関する照会に対しては，報告の義務を有しないこととなる」[8]と述べている。

注

1) 有山崧「破防法」『図書館雑誌』1952年7月号，p.47
2) 『「図書館の自由に関する宣言1979年改訂」解説』日本図書館協会，1987
3) 「肌で感じた"図書館の自由"―日図協も動いてシナリオ訂正―」『図書館問題研究会会報』85号，1967.7, p.12
　「練馬テレビ事件（1967年）」図書館問題研究会編著『図説　図書館のすべて　改訂新版』ほるぷ出版，1985, p.234
4) 前掲『「図書館の自由に関する宣言1979年改訂」解説』p.11
5) 種谷春洋「プライバシーの権利」芦部信喜編『憲法Ⅱ』有斐閣，1978, p.167
6) 佐藤幸治「プライヴァシーの権利（その公法的側面）の憲法論的考察(1)」『法学論叢』86巻5号，京都大学法学会，1970, p.34
7) 渡辺重夫「図書館利用者のプライバシーの権利―図書館に対する捜査機関の介入との関連で―」『図書館は利用者の秘密を守る』（図書館と自由　第9集）日本図書館協会図書館の自由に関する調査委員会編，日本図書館協会，1988, p.115-116
8) 前掲『図書館は利用者の秘密を守る』p.120

第3章 図書館サービス

3.1 図書館サービス

　公立図書館は求められた資料についてはあらゆる手立てを通じてその要求に応えていく。それは前もって資料の中味やタイトルや作者がわかっている場合と，ただなんとなく漠然としか求めるものがわからないで図書館に来る人もいる。このようなさまざまな求めに応じるのが図書館であり，そのために資料を蓄えまたは探索の方法を整備して住民の要求に応えていくことが図書館サービスである。

　図書館サービス（または図書館奉仕ともいう）は図書館運営の根幹であって，その基本は資料提供であり，その具体的な作業は「貸出し」である。貸出しには読書相談やレファレンスが含まれる。

　利用者は自分の求める事柄を知るために図書館にやってくる。目録をコンピュータで検索し，そのありかを見つける。そして，それを自分で棚から探し出す。どうしても見つからないときにはカウンターにやってきて，図書館員にその資料について聞く。また，貸出しという単純と思える行為は，読書案内やレファレンス（資料調査，参考調査）を生み出す。資料を借り出し読むことによって，さまざまな疑問や知的好奇心が生まれ，それはさらに次の疑問や知的探求につながっていく。

図書館の業務は資料提供の上になりたっている。集会活動にしても図書館にある資料を通じて，それを求めてくる人々によって集まりがもたれる。

さらに，図書館は知的な空間として，市民の学習会や展示会，演奏会などがひらかれ，資料では味わえない文化的香りを，堪能することもできる。

3.2 カウンター・サービス

3.2.1 カウンター業務の心得

カウンター（サービスデスクともいう）は図書館の顔である。ここが，元気がなかったり，とげとげしかったり，冷たかったりしたら，その図書館は利用者に見放されてしまう。明るく，快活で，親切でなければならない。また，図書館員は積極的に声をかけ迷っている人や，不安がっている人に安心感をあたえ，そして信頼される図書館にならなければならない。

カウンターが明るく元気だということは，その図書館運営全体がうまくいっているということである。館内のコミュニケーションがよく，職員同士も助けあい補い支えあう態勢ができている。このような図書館では，図書館長が常に館の進むべき道を明確に職員たちに示し，全体が円滑に動くよう環境や状況を整備している。このような背景から，見ていて気持ちのよいカウンター・サービスが生まれるのである。

カウンターでは職員は次のことに気をつけるようにする。

　a．利用者には明るく声をかける。

b．相手の顔（目）を見て大きく口をあけてはっきり話す。
c．手の空いているとき，雑誌や新聞を見たり，おしゃべりをしない。
d．カウンター業務の合間に他の業務はなるべくやらない。もしするにしても，視線は客（利用者）の動きをつかみ，近くにきたらすぐ応対できる態勢を常にもつ。
e．貸出しの際，資料を手渡すときは表紙を面（おもて）に天地を揃えて天を手前に，タイトルが相手側の正面にくるようにする。

（資料 p.242参照＝市川市立図書館・カウンター応対マニュアル）

　資料名について質問を受けたとき，コンピュータを叩いて出てこないからといって「ありません！」と即座に答えてはいけない。著者や出版社からもう一度確認してみる。その上で棚に利用者を案内し，その所蔵をたしかめる。

　また，資料名によってはカウンターの前では言いにくいものもある。棚に案内するときにその書名を言う人もいる。

　例えば，カウンターである女性が「法律の本が見たい」と言ってくる。法律のどこのところかときくと「家族に関すること」と言う。棚を案内しているうちに，それは「離婚に関する本」だとわかる。また，病気や育児，思想・宗教など他人には聞かれたくない資料を求めることもある。このような利用者への配慮は是非とも必要である。

　近年，貸出しの多い図書館では，相談やレファレンスについては別に「相談コーナー」を設け，専任の職員を置いて対応していると

ころが増えている。

3.2.2 貸出し・返却
(1) 貸出しの役割
貸出しは資料提供の具体的な作業であることは前述した。以下，具体的には次の点がポイントとなる。

　　a．図書館員は住民が必要とする資料を選定し収集し，保存する。そのためには日常的に住民の要求，地域の実情，社会的な動向，当該自治体の政策などを把握し理解しておく。

　　b．図書館員は利用者が求める資料を探しやすいように，書棚や目録を常に整備しておく。そして求められた資料がどこにあるかすばやく見つけ取り出せるようにする。また，電子目録（MARC＝機械可読目録）は業者のデータに依存するのでなく，それを自館に合わせて修正・加工する。

　　c．利用者から自分の必要な資料や文献について，それがどの資料に載っているか，調査を求められることが常にある。このときはそれらを探し出すために自館の蔵書を把握しておくことはもちろん，必要な関連する文献ツール（レファレンス・ツール）を作成しておく。

　　d．すべての資料が自分の図書館にあるとは限らない。これは図書館の大小にかかわりなく容量は有限であるということである。その場合，他の図書館（機関）を紹介するか，資料の貸出しを受けて提供する。

「貸出しを伸ばす運動」は1967年の図書館問題研究会（図問研），

70年日本図書館協会の『市民の図書館』による実践の呼びかけに始まった。1964年東京・練馬区のブラウン式にはじまる貸出方式簡便化の運動は全国にひろがり，貸出しが伸びるに従い「予約制度」を生み出した。また，これらの運動は「求められた資料は草の根をわけても探し出す」といった姿勢につながり，大阪市立西淀川図書館の経験などから，「貸出しとは，予約制度，資料相談を含んだ図書館活動の基礎構造である」[1] という認識が生まれ，貸出しの理論が確立されていった。

また，「情報公開法」は，開示請求者の便を図っているが，図書館法第9条とあわせて資料提供を促進させるようにしなければならない。

(2) 情報公開法と図書館法第9条

情報公開法は「開示請求をしようとする者に対する情報の提供等」（第38条），「行政機関の保有する情報の提供に関する施策の充実」（第40条）を規定しており，一般国民が国の情報に接するための努力をもとめている（＊条文参照）。

図書館法では，

第9条　政府は，都道府県の設定する図書館に対し，官報その他一般公衆に対するこう報の用に供せられる印刷局発行の刊行物を2部提供するものとする。

2　国及び地方公共団体の機関は，公立図書館の求めに応じ，これに対して，それぞれの発行する刊行物その他の資料を無償で提供することができる。

とある。したがって，公立図書館はこれらの法律にもとづき国の資料の収集につとめなければならない。

＊情報公開法（抄）
（開示請求をしようとする者に対する情報の提供等）
第38条　行政機関の長は，開示請求をしようとする者が容易かつ的確に開示請求をすることができるよう，当該行政機関が保有する行政文書の特定に資する情報の提供その他開示請求をしようとする者の利便を考慮した適切な措置を講ずるものとする。
2　総務大臣は，この法律の円滑な運用を確保するため，開示請求に関する総合的な案内所を整備するものとする。
（行政機関の保有する情報の提供に関する施策の充実）
第40条　政府は，その保有する情報の公開の総合的な推進を図るため，行政機関の保有する情報が適時に，かつ，適切な方法で国民に明らかにされるよう，行政機関の保有する情報の提供に関する施策の充実に努めるものとする。

(3) 返却と督促

返却は貸出しと表裏一体である。誰でも遅れようと思って遅れるわけではない。借りるときは目的意識的なので図書館に足を運ぶのは容易だが，返すときは何かついでがないと億劫なものである。「借りたのだからきちんと返すのはあたりまえ」と思うのは管理者意識としては立派でも実態をみていないことといえる。

利用された資料を早く回転させるためには，利用者が気軽にしか

も容易に返却できる態勢をつくる。例えば、市内の公共施設ならどこでもよいとか、駅前やスーパーなど人の多く流れる動線上にブックポストを置くなど、返却についての時間的能率的あり方を考える。

東京・国立市では駅前に「本のポスト」を置いて返却の便を図っている。

督促はまめに、できれば毎月行う。1年とか半年などまとめて行うと、間違いも多くトラブルが発生しやすく、図書館自身が苦労をする。借出者はつい期限を忘れて、返すのが遅れるものである。そのとき督促されることによって期限を思い出すものである。

督促を行うにあたっては、未返却となっている貸出記録をもとに、まず、その本が戻っているかを棚にあたって確認の調査をする。返却の際のコンピュータの誤動作、利用者が間違えて直接自分で棚に戻してしまった、などのアクシデントが必ず伴なっているとみなけ

写真1 〈本のポスト〉

ればならない。調査が終わったら督促状を投函する。はがきの場合はプライバシーに配慮しなければならない。同一家族といえども自分が読んだ本は人には知られたくないものである。子どもでも決して例外ではない。

督促による利用者とのトラブルについて、埼玉・所沢市立図書館では分館が多いことから、「督促電話のかけ方」(**資料 p.245参照**) という電話応答マニュアルをつくって全館統一して対応している。所沢市のある図書館員は「確かに『返したはずだ』という苦情は有ります。ですが、経験的に25～30冊くらいの本が1週間の間に『返却ポスト』にさりげなく入っていたりします。もちろん純粋にこちらのミスも有るわけで、そのような苦情の場合はルールをつくって行っています」と語っている。

3.2.3 予約・リクエスト（予約制度）

予約・リクエストは利用者が求める資料が、その図書館で所蔵しているが現在貸出中、または所蔵してないため利用できない場合、あらかじめ予約・リクエストしてもらい、その資料の利用を確保しておくことである。

この制度は戦前、東京の私立大橋図書館などで「予約図書閲覧制度」として行われたが、戦後本格的に実施されたのは1960年代後半に「求められた資料は草の根をわけてもさがし出す」という前出の大阪市立西淀川図書館の実践から生まれ、図問研を通じて全国の図書館に広がっていった。

予約・リクエストは最初次の3点を確認し、始められた。「①貸

出中の本を次の希望者に確実に提供する。②未購入や複本不足の場合は購入によって提供する。③購入できない場合は他の図書館から借りて提供する。」[2]

その後,図問研は,各地の実践をもとに,予約制度確立のための「三つの方法,五つの条件」を,1974(昭和49)年富山大会で決議し提唱した。

[三つの方法]
　①貸出し中の資料は,返却を待って一定期間中に必ず希望者に提供する。
　②未所蔵の資料は購入して提供する。
　③購入できない資料(絶版,高価,利用度が低いなど)は,他館から借りて提供する。

[五つの条件]
　①この制度のあることを住民に広く知らせる。
　②一定の書式やルールが確立している。
　③要求された資料が入手できた場合はもちろん,できない場合にも必ず本人に連絡する。
　④必要な資料を購入できる予算をもつ。
　⑤相互貸借できる図書館の組織がある。[3]

「三つの方法」の①は予約,②はリクエストを,③は相互貸借をさす。

予約制度は図書館本来のあり方を生みだした。この制度のおかげ

で，図書館は利用者の要求を具体化し，それを利用に結び付けることができる。特に，貸出しが増え日常化されていく中で予約と資料案内が活発化してきた。それは利用者がある資料を読んだところその中に出てきた事柄についてさらに詳しく知りたくなり，それを図書館に求める。図書館はその資料について調べ，それが載っている資料を発見するが，その資料は現在所蔵してないためリクエストしてもらう，という流れである。

　予約制度によって，利用者は自分のほしい資料を確実に手に入れることになった。図書館は利用者に信頼され，期待されるようになった。さらに，図書館はその期待に応えるために，資料選定や購入のさいに利用者の希望や要求を考慮するようになり，そして，選定，購入はその図書館の蔵書構成に反映されていった。また，そのための購入予算を確保し，資料費を獲得していくようになった。

　図書館員は予約・リクエストを通じて，資料についての勉強もするようになった。1970年以降の公共図書館の発展は，この予約制度によるところが大きい。

　予約・リクエストについて，中野区の住民である鈴木由美子は次のように述べている。

　　予約制度は人々の生活と図書館をつなぎます。予約する人々は，さまざまな相談を図書館に持ちこみ，書架や新着図書案内を熱心にながめるものです。こうして利用者と図書館員とのつながりができます。そして予約の進展は図書館同士をむすびつけ，しっかりした協力関係をつくりあげます。

さらに，本の流通を変えさせる力も予約制度から生まれるでしょう。読みたいものをあきらめずに手にいれることのできる一般庶民が，いつかは学問文化の主人公になっていくかも知れない……とつきることのない可能性を持った制度なのです。[4]

東京・昭島市民図書館の松尾昇治は，「資料提供をささえるリクエストサービス」として，まずカウンターに立つときの心構えを「『利用者へのサービスに徹しよう』という気持ちを持つことが大切だ。利用者には，親切に，丁寧に，いやがらず接すること。『よし，やってやろう』という気持ちが心の底から湧き出てくる」ように，この意気がリクエストを受ける上で大切なことであるといっている。さらに，住民の利用が「多くなれば，地方自治体も図書館政策を軽視できない」，職員の姿勢として「職員が一生懸命にやっている姿は，必ずや市民の信頼を得る。このことは，市民と図書館の結びつきをさらにつよめる。」などとしたその上で，昭島市民図書館の「リクエストサービスの法則」22カ条を示している。[5]

3.2.4 資料相談

利用者から資料の所在を求められたときは，書架まで案内して資料を探すのを手伝う。

聞きなれない資料名や著者でたずねられたら，書誌や目録を調べて資料を確認してから答える。

主題や内容で求められたとき，それが理解できない場合は関連主題の事典または辞典，百科事典，用語辞典，最新のものは『イミダ

ス』や『知恵蔵』『現代用語の基礎知識』などを参考にする。

　資料に対する質問を受けたときは，相手の調査内容，目的，すでに調べた資料などを詳しく聞く。相手の質問内容も，その人自身の勘違いや思い込みによって質問が内容とまったく違っていることもある。いろいろな角度から聞くということが大切である。

　資料相談にくる利用者の中には，必ずしも求める資料がわかってくる人ばかりとは限らない。図書館員と話しているうちに自分の探したいことが明確になってくることもある。資料相談についての応対は日常的な資料研究と場数を踏むことである。

　なお，不明の場合は記録しておき，後日連絡する。

　千葉・浦安市立図書館元館長の竹内紀吉はカウンターで質問に答えられなかった時の心構えを次のように語っている。

　　利用者に問われたことに的確な応答が出来なかったら，その原因を内部に持ち帰らなければならない，次ぎの日にそこを埋めてカウンターに立たねばならないわけです。そういう臨床的の場なのです。見えないところで蓄積した養分によって，利用者との出会いを得て花が咲く場がカウンターなのです。[6]

　浦安市立図書館では，相談カウンターには経験5年以上の司書を配置しているという。

　聞かれた資料はあらゆる手立てをもって探し出すよう心掛ける。参考調査でわからない場合は，同僚や先輩をはじめいろいろな人に聞く。個人的に解決するのでなく，図書館組織として利用者が求め

る資料を「草の根をわけても探し出す」という心構えが必要である。

自館による参考資料（レファレンス・ツール）の作成例として，自分の市に関する「新聞記事索引」（八王子市立図書館），「三鷹市に関する資料事項別索引」（三鷹市立図書館），「レファレンスお助け帳」（東大和市立図書館）などがある。また，多摩市立図書館では「レファレンス・マニュアル（資料編）」を1997年3月に作成した。これには，レファレンス質問を13のジャンルに分け，よく使う参考図書，書誌類の解説や所蔵状況が示されている。

3.2.5 フロアー・ワーク

図書館員はカウンターの中だけにいるのではなく，フロアー全体を歩き回ることが大切である。カウンターの手が空いたときなど，返却資料の排架（資料を棚に戻す）作業を行っていると，よく資料のありかについてたずねられる。利用者にとっては，カウンターの中にいる職員よりも書架の間を動き回っている職員の方がものを聞きやすい。カウンター・サービスのところでも述べたが，職員がカウンターの中にいると改まった感じがして，資料の種類によってはたずねにくいということがある。そのために，図書館によってはフロアー担当を置き，利用者が気軽にたずねられる態勢を組んでいるところもある。

また，館内が混雑し，貸出しで忙しいときなどは，職員に声をかけにくいということもある。そのようなときには，できれば館長などベテラン職員が館内を歩き回り，資料を探している人に気軽に声をかけ，援助することなどは大切である。忘れ物や落しもの，迷子，

など，一般的な案内や質問にも応えたりする。さらに，子どもの走り回りなど周囲への迷惑には親にも注意する。

このようにカウンターをフォローするのもフロアー・サービスの大事な役割である。

相談カウンターを貸出・返却カウンターと別に設けたらという指摘もある。開館当初から別置できればよいが，人員の関係などでおけないところは，とりあえずフロアー・サービスを充実するのがよいのではないだろうか。相談カウンターを置いているところでもフロアー・サービスは必要である。1日当りの貸出数が少ない小規模図書館では相談窓口表示があればカウンターを特に別置する必要はない。

3.3 対象別サービス

赤ちゃんからお年寄り，体の不自由な人も含むすべての住民が公立図書館の利用者となる。また，資料の対象別の利用もある。

年齢順にいくと，まず，乳幼児・児童を対象としたサービスがある。例えば，赤ちゃんや幼児をもったお母さんに対して，絵本の与え方や読み聞かせについて理解してもらうサービスを行う。子どもは小さいときから，お母さんやお父さんのお話や読み聞かせを受けることによって精神的にも情緒的にも発達し，人間としての感性を養うことができるといわれている。

小学校高学年から中学・高校と一番多感な時代の子どもたちは，知識欲が旺盛である。図書館ではこれらの世代に対してさまざまなサービスを行っている。特別なコーナーを設けてヤングアダルト・

サービスを行っているところもある。そこでは今や，図書館はこれら青少年の憩いの場として若者たちに親しまれている。

　以前は，公立図書館というとおとなを対象として主に読みものや，調べものに対応することが運営の中心であった。その後も，受験生のための自習の場であったりして，子どもの利用を長い間拒否してきたが（まれに児童室を置いた図書館もあったがほとんどはなかった），1970年代以降子どものサービスに力をいれるようになってきた。

　現代の公立図書館では，30代後半から50代前半の利用が多くなり，図書館はこれら中高年層の勉学の場となっている。さらに，定年退職した人々が第二の人生に図書館を拠りどころとして学習や研究に励んでいる。その結果，資料相談や要求が多岐にわたり，図書館員の資質が試される時代となってきている。

　一方，体の不自由な人々を対象とした図書館利用に障害のある人へのサービスがある。これは肢体不自由者や盲人，難聴者などに対して介護，朗読，手話による読み聞かせ等のサービスをするもので，訪問サービスとしては寝たきりの人に対する宅配，高齢者，入院患者に対する養護施設，病院サービスも行われている。このほか，日本語のわからない外国人に対するサービスなども行われている。

　このように，図書館サービスはその進展とともにより一層多様化している。

3.4　地域（家庭）文庫および施設へのサービス

　図書館法第3条8号に「学校，博物館，公民館，研究所等と緊密

に連絡し，協力すること」とある。図書館は来館する利用者のみを待つだけでなく，こちらから出かけていっていろいろなサービスを行うことも必要である。市内にある事業所に対するサービスには，資料をまとめてもっていく団体貸出や，自動車などによる移動図書館があり，資料の貸出しと併せてお話や読み聞かせ資料の紹介を行ったりすることもある。

3.4.1 学校・児童館・保育園（幼稚園）

学校では年間のカリキュラムが年度当初に決まっていて，1年間はそれに基づいて学校運営が行われている。したがって，学校との連携は，まず年度当初学校側と打合せを行い，サービスの内容，時期，期間などを決めてから行った方が連携しやすい。

サービスの内容は，図書室や学級文庫への援助などがある。学級文庫とは，クラスに一定量（50～300冊）の資料を一定期間（例えば新学期から夏休み前まで）まとめて図書館から貸し出し，管理はクラスで行ってもらう。最近，学校によっては専任の司書をおいている図書室もある。このような学校は日常的にその司書と連絡が取れるので，仕事がやりやすい。宿題に向けての資料など，事前に用意することも容易である。いずれにしろ，学校の図書主任の教師と緊密に連絡して行うことが必要である。

児童館，保育園，幼稚園などの施設では，公立図書館は資料を貸し出すだけでなく，催し・行事などを合同で行うこともできる。

埼玉・朝霞市立図書館では小学校，学童クラブ，保育園，幼稚園，市内の県立高校などに本を大量に（3か月，300冊）貸し出し，そ

こに来る子ども，親たちを通じて各家庭など市民の身近なところに本を送りこんでいる。

　学校をはじめ，これら施設の子どもたちの親に対して，資料の紹介や読書の大切さなどをひろげる活動を通じて，図書館をひろく自治体内に広げていくことを，図書館運営として位置づけることも大事である。

3.4.2　公民館，女性会館等，公的類似施設

　公民館や女性会館などには，そこを拠点として活動しているグループやサークルがある。公立図書館はこれらの団体と提携し，その活動に対して資料提供や援助を積極的に行っていく。資料や読書だけでなく，そのグループやサークルの活動成果の発表会などに図書館を利用してもらったり，図書館の催しものに参加してもらったり，あるいはボランティアとして図書館活動に参加してもらうことも可能である。

　また，共同の企画で催しものなどを行う。例えば，埼玉・鶴ヶ島市では6つの公民館に併設している各図書館分室がそれぞれの「公民館まつり」に図書館として参加し，お話会，パネル（エプロン）シアター，資料の紹介などを行っている。

　さらに，情報館，生涯学習センター（社会教育会館），福祉センターなどのコミュニティー・センターにある図書室やそこでの催しものなどにも援助していくことが必要である。

3.4.3 地域文庫および家庭文庫

　地域文庫とは，地域の集会所などの公共的施設を使って，その地域の主婦が中心となって図書を持ち寄り，または寄付を募って図書をそろえ，子どもたちに読み聞かせや読書の案内をはじめ，子どもの教育と文化について積極的に活動をすすめる団体である。この文庫を家庭で私的に，近所の子どもたちを対象として行っているのが家庭文庫で，活動内容は地域文庫と同様である。

　この運動は1960年代当時，子どもの教育と文化の貧困さを憂えた親たちによって，地域の児童文化活動として発展した。この運動の大きなきっかけをつくったのが，石井桃子の『子どもの図書館』（岩波新書，1965年）であった。これは石井桃子の「かつら文庫」運営の実践を描いたドキュメントで，この本の影響で，文庫活動は全国にまたたく間に広がっていった。

　当時，筆者が勤めていた1970年頃の東京・練馬区には約50の文庫があり，活発な活動を各地で繰り広げていた。また，文庫には多くの子どもたちが集まり，読書や遊びを通じた地域での草の根図書館運動を形成していった。親たちは文庫の運営の手助けなどを通じて，地域の大きな文化的政治勢力にもなっていった。これら文庫運動の発展は，全国各地に公立図書館をつくる運動に広がっていった。

　現在，地域で環境問題や高齢者問題など，草の根運動にとりくんでいる筆者の知人たちの中には，1960年代から70年代にかけて子どもの頃，文庫で育った人たちが多く参加している。

3.4.4 病院，高齢者向けサービス

公立図書館が積極的に出かけて行く活動先として，病院や高齢者施設がある。また，寝たきりの人や自分から外に出られない人に対して，資料の提供，読み聞かせやお話の出前ができる。病院や施設などでは当然管理者の了解をとり，日時を決めて図書室や談話室に一定量の資料を持ち込み，そこで貸出しを行う。その施設に預けて自前で貸出しをやってもらう方法もある。また，ワゴンやブックトラックに積んで病室や各部屋を回って貸出しを行ったり，読み聞かせなどをする。寝たきりや自分から外に出られない人に対しても，図書館が希望の資料を届けたり，そこで読み聞かせなどを行う。

これらの病院サービスや宅配サービスなどは近年，各地の図書館で行われるようになった。スウェーデンでは，電動ブックトラックが各病棟をまわっている。[7]

3.5 集会・文化活動

3.5.1 自立した「市民」による文化の創造

図書館法第1条には，その目的として「国民の教育と文化の発展に寄与する」とある。これは，図書館が発達することによって市民の力が地域に教育力を育てていく，新しい文化を創造していく，このことをさしているのではないかと思う。

このことについて西崎恵（図書館法制定当時の文部省社会教育局長）は，その著『図書館法』の中で「図書館活動は国民の自由な創意によって，時代の推移を敏感に受け入れながら行われるものである」[8]と述べている。

したがって「国民の教育と文化の発展に寄与する」という図書館の目的は,「国民相互」の「自主的に行われる自己教育活動」,「その国民の行う教育活動が本当に実り豊かなものになるように,側面からこれを助長援助してゆく」[9],すなわち,住民の自主的な考えと行動によって,地域の教育と文化を生み出していく,それをお手伝いすることにあるといえる。

3.5.2　図書館での集会・文化活動

ひと昔前の図書館は,資料のみを提供すればそれでよいとしてきた。たしかに,図書館は資料提供を基本とするところであるが,図書館にやってくる人々が自分の読んだ本の感慨を誰かと語り合いたいこともある。自分が研究していることとたまたま同じことを調べている人と,図書館で出会うこともある。図書館は地域のいろいろな人々が集う。その人々はそれぞれさまざまな情報や知識をもっており,図書館で知りあった同士がそれを交換しあいながら互いに教えあい学びあう。図書館の資料は,そのときこそ何倍にも役に立つのである。図書館にある資料は,図書館にくる人々がもってくる知識や情報によって大きな価値を発揮していくのである。そして,その価値が新しい人を図書館に呼び寄せ,図書館はそれによってますます発展していく。

『図書館の集会・文化活動』(図書館員選書)では次のように述べている。

　　地域の中には有名無名のたくさんの専門家がおり,素晴らし

いコレクションを持っている人がいる。また，読書や音楽の感動を分かち合いたいという人も，身近な公害問題に取り組んでいる人や老人や子どもの問題で悩んでいる人もいる。図書館はこうした人々の学習要求や楽しみのための文化的要求を満たすことができるよう日常的に援助していく共に，その対象やテーマに応じて最も適切な行事のあり方を創造していくことが，人と人との自由で活発な交流を願う人々によって望まれている。そのことは同時に図書館が地域とともに発展し成長するということを促しているのである。[10]

今や，図書館は地域の文化センターとして大きな役割をはたしている。「資料を調べるだけの利用ではなく，住民が主体的に集会・文化活動に参加し，参画する意識を育て，図書館資料を活かして自主企画，自主講座を通して知的活力を身につける図書館の利用法です。図書館資料を媒体に人々が集会室に集い賑わう光景が，昼夜を問わず見られる時代の到来が待たれ」[11]る。地域の人々によるさまざまなふれあいが，中央だけでなく地方に自前の文化を育て，地方自治を大きく発展していく道筋にもなっていくのである。

3.6 サービスの指標と図書館評価

図書館の評価についてはさまざまな方法がある。

他館を見学・視察する際の評価は，見るところが目的によって違うが，自館の評価については資料や利用の実態を客観的に測る方法や，市民からの直接・間接の声や投書などがある。また，日常のカ

ウンターでのやりとりなどを材料として評価し、サービスの指標をつくることになる。

3.6.1 利用実態評価

①来館難易度、②利用満足度、③利用目的達成度、などがその図書館を評価する基準となる。特に、運営実態については②③が必要となるが、図書館へのアプローチとしては①が必要であり、来館の基本といえる。

(1) 来館難易度

利用者にとって図書館は身近にあった方がよい。東京・杉並区の図書館利用について、「図書館までの距離とその満足度」の調査がある。[12] 1974年に行われたものでデータは古いが、現在でもあまり変わりがない。

この調査によると、「図書館から400mまでの距離においては、不便だという人はひとりもなく、」「800～1000m圏の人達になると、まあまあと感じる人達が一番多くなり、1000～1200m圏になると不便不満の人が一番多くなって、満足と不満足が入れ変わっている。」この結果、不満足は1200mあたりがピークで、あとは距離が延びるにしたがって仕方なく自転車などの交通機関を使って利用していることがわかる。

次に来館者について、東京・練馬区立図書館調査（1983年4月）からみると月2回以上が64%、1回位が21%と全体の85%となっている。また、定常的利用者の来館頻度は、2kmまではほとんど変

わっていない。すなわち，距離が遠くなると来館者は減少するが，来館頻度は一定である。[13]

　以上は図書館統計の一部であるがこの2つの調査をみて，同一自治体内における図書館組織網の整備は，約1000mを半径として自治体内にその円が埋まる数が必要であることを示している。また，目的意識的には距離が少し延びても利用があることを表している。

(2) 利用満足度

　資料の数と内容，対応と相談，開館時間，貸出数と貸出期間，利用手続，予約の提供待ち期間，施設設備，が関係する。

　満足度とは，その図書館の資料数や内容，職員の応対や態度，開館時間や貸出しの数量と期間等の利便性と快適性である。

(3) 利用目的達成度

　仕事上の知識と情報，家庭・生活上の知識，学校の学習，趣味・教養・娯楽が関係する。

　目的達成度とは，来館して自分の目的が達せられたかである。図書館はさまざまな立場から利用されるが，それぞれの必要な来館目的が達成されたかを測る。

3.6.2　図書館活動評価

　資料貸出数と利用者数，登録者数，予約件数，資料相談・資料調査件数，来館者数，催しもの，学習会および集会，図書館員1人当りの貸出数，などが関係する。

3.6.3 統計と運営の指針

利用実態評価,図書館活動評価について,図書館としての運営の指針を明らかにしていく。短,長期についての計画を立て,それに基づき実施の具体的方策を決めて実践していく。

そのためには,日常的に利用の実態を把握するとともに,2〜3年に1回利用者調査を行う必要がある。

○統計の種類

```
利用実態調査(記入式) 2〜3年に1回
実績調査(年別)
  人口1人当り貸出冊数        貸出冊数／人口
  登録率(パーセント)        登録者数／人口×100
  実質貸出密度            貸出冊数／登録者
  蔵書回転率             貸出冊数／蔵書数
  市民1人当りの年間購入冊数     購入冊数／人口
  市民1人当りの図書購入費      図書購入費／人口
  市民1人当りの図書館費       図書館費／人口
  職員1人当りの奉仕人口       人口／職員数
  職員1人当り貸出数         貸出数／職員数
予約状況調査
  予約利用状況(月報) **(資料 p.250参照)**
  予約未提供者リスト(月別)
  予約資料貸出ベスト **(資料 p.251参照)**
  相互貸借統計
資料別利用状況(必要に応じて)
  貸出ベスト50および100(主題別およびジャンル別)
  年齢別・ジャンル又は主題別貸出統計
  未利用資料統計(資料別,ジャンル別)
```

> 特定著者別，特定出版社別[14]
>
> 登録分布図（**資料 p.252参照**）

　なお，三村敦美は図書館評価について「同規模図書館ランキング」を，職員数，雑誌購入数，住民1人当りの貸出冊数，予約件数，平成9年度の図書費，図書館総費，市民1人当りの還元額，平均，総合順位などを取上げて比較している。これは，それぞれの項目の中で一番数の多いのを100としてその割合で点数をつけてランキングをしている。[15] 購入雑誌数，市民1人当り還元額が入っているのが特徴である。

　筆者は住民1人当り貸出数，職員総数（臨時・嘱託も含む），職員1人当りの貸出数，住民1人当りの資料費，蔵書数とその回転率で比較している。三村案に職員1人当りの貸出数，蔵書数とその回転率を加えると良いかもしれない。

　この他，面積と貸出数や職員数との割合に蔵書回転率を掛け合わせると必要労働力数や労働成果について分析する材料になる。

注
1)「図書館問題研究会第19回全国大会（御殿場大会）」『会報』133号，1972年
2) 図書館問題研究会「会報」 95号，1968.8, p.13
3) 図書館問題研究会編『図書館用語辞典』角川書店，1982, p.637〜638
4) 鈴木由美子「リクエストからすべてがはじまる」『みんなの図書館』1978年12月号，p.42

5) 松尾昇治「資料提供をささえるリクエストサービス」『図書館研究三多摩』創刊号, 1996, p.27
6) 竹内紀吉『浦安の図書館と共に』未来社, 1989, p.134
7) 菅孝能, 大澤正雄「イェテボリ市立図書館」『白夜の国の図書館 Part 2』リブリオ出版, 1996, p.118
8) 西崎恵『図書館法』日本図書館協会, 1970, p.42
9) 前掲『図書館法』p.43
10) ちばおさむ, 伊藤紀子, 松島茂共著『図書館の集会・文化活動』(図書館員選書 9) 日本図書館協会, 1993, p.92
11) 漆原宏ほか『図書館づくり実践記』緑風出版, 1998, p.263
12) 『杉並区立図書館登録者についての調査報告書—利用者の姿と新しい問題点—』図書館問題研究会東京支部, 1974
13) 『図書館組織網への形成—練馬区の図書館調査—』図書館問題研究会東京支部, 1985
14) 森耕一編『図書館サービスの測定と評価』日本図書館協会, 1985
15) 三村敦美「図書館経営を考える」『みんなの図書館』1999年1月号, p.21

第4章　資料の管理
選定・整理・排架・除籍

4.1　図書館の資料とは

　1450年頃，ヨーロッパの各地で活字による印刷が始まっていくが，活字の鋳造，インクの製法，印刷機械など一貫した方法を完成させたのはグーテンベルクだった。彼の活字印刷術は，またたく間に全ドイツに及び，1400年代の終わりには全ヨーロッパを席巻し，識字率を高め，教育の普及に貢献した。このようにして印刷された媒体は図書となって，現在まで約500年にわたって続いてきた。

　また，今世紀初頭，聴覚資料が，やがて映像資料があらわれるが，図書館資料の中心とはならなかった。1980年代に入ってコンピュータが導入されることによって新たに電子媒体が誕生した。その後，通信技術の発達は電子資料を飛躍的に発展させ，書物が時間空間を越えたのに比してさらに距離空間をも越えた。

　しかし，今後どんなにコンピュータが発達しても，書物はその独自な媒体としての役割を失うことはないであろう。塩見昇は「書物の特性」について次のように定義している。

(1)　受け手（読者）からの働きが強く求められるメディアである。いずれのメディアによる情報摂取においても受け手の主

体性，積極性は欠かせないが，活字の場合にはとりわけ読者自身からの積極的な働きかけ，ことば（文字で綴られた文章）を自己のうちにイメージ化する努力を抜きにはなにごとも伝わらない。
(2) ハードとソフトの区別がなく，情報の摂取にあたって特別な再生装置を必要としない。
(3) 時と場所を選ばず，反復して使用できる。
(4) 少数者を読者対象とするであろう内容でも公表される可能性が高い。その点で基本的にはマスコミニュケーションではない。
(5) 製作，入手の経費が比較的安い。[1]

図書館法第3条第1項には「郷土資料，地方行政資料……その他必要な資料を収集し，一般公衆の利用に供すること」とあるように，資料は図書は無論のこと，必要に応じて幅広く収集されなければならない。雑誌やパンフレット，地図，絵画，写真，チラシの他，ＣＤやDVD，電子ブックなど，時代によって生まれた新たな資料にも十分な知識と利用法を考慮しなければならないのである。「図書館の自由に関する宣言」では資料収集と提供の自由をいい，「図書館員の倫理綱領」では資料に関する責任と収集の努力をいっているように，図書館の資料は図書館サービスの根幹をなすものである。

4.2 選書と受入れ

4.2.1 資料はどう選ぶか

　資料の収集と蔵書構成はその図書館の収容量，所蔵量によって制約をうける。大きい容量を持っている図書館は種類やジャンル，数量を多く置けるが，面積の小さい所では置く種類や量は限定される。どちらにしても，出版物のすべてを収集できるわけではないので，選書が必要となる。

　利用者が図書館に求める資料の利用種別は次のとおりである。

　　a．レクリェーション
　　b．日常生活に必要な実用書
　　c．職業上必要な実用書
　　d．専門書
　　e．学習のための図書

　来館する利用者が1つの種別だけ借りて帰るというのはまれで，ほとんどの人は自分の目的に応じて，複数の種別の中からいろいろと必要な資料を探し出し利用する。資料の選定は，自館の蔵書構成を考えながらこの種別に沿って選んでいくことが肝要である。

　資料選定の基本は，以下のとおりである。

(1) 基礎的知識をもち専門的に訓練された職員

　①地域住民の要求を的確に把握していること。
　②最近の出版物について十分な知識があること。
　③自館の蔵書内容を十分考慮にいれられること。

④他の図書館との調整ができること。

⑤同じような内容の本については評価ができること。

⑥同じテーマについて異なる立場で書かれた本について公平な判断ができること。

⑦自分の趣味や関心によってでなく，利用者の要求によって判断するという職業倫理を堅持できること。[2]

(2) 地域の実情に合わせて選ぶ

その図書館のおかれている地域の環境と特性，住民の文化的ニーズ（要求水準）と生活状況，職業構成を配慮する。その地域に住んでいる人々の公民館やその他の公的施設での活動や地域の運動の実態にあわせ，住民の資料要求に基づいた選定を行う。住民ニーズの把握を誤ると利用者は図書館から離れていく。

(3) 同一ジャンル，同一主題のもの

同一ジャンル，同一主題のものについては必ず複数置く。

ある主題について，さまざまな角度から書かれ論評されたものは，例えば，経済学についてはマルクス経済学に対して，ケインズやサムエルソンの経済学があるように，さまざまの立場からのものを入れるようにする。特に，思想，宗教，政治的な立場，相反する意見・学説などは必ず複数を用意する。

(4) 多様な構成

難易両範囲をあわせ持った多様な構成を考慮する。

第4章　資料の管理（選定・整理・排架・除籍）　*83*

　資料の範囲は入門的なやさしいものから専門的な難しいものまである。また，ベストセラーなど人気の高い一過的な流行を追うものもあるし，長い期間読み継がれてきた歴史的にも内容的にも厚みのある資料もある。入門的なやさしいものが多いからといってその図書館の水準が低いとはいえない。また，専門書が多いからといってその図書館は高度な資料を持っているとはいえない。専門的に研究している個人でも，別のジャンルを学びたいときは入門書から始まるし，専門書には必ず解説書，入門書があって活きてくるのである。
　一過性の出版物や流行を追う出版物は質が低く図書館には入れるべきではないとか，市民の税金を有効に使うためもっと内容のある質の高いものを入れるべきであるという意見もある。一過性や流行を表す出版物はその時代の表現でもある。後年，この時代を知るためにも必要不可欠な資料になりうる。立花隆は「一過性の出版物というのは，全く読むにたえない，くだらないものもあると当時に，本当にある時代の文化の最先端を示すものがやはり一過性であるという宿命があるんじゃないかという気がするのです」[3]と述べている。

(5) 基本的，一般的な資料を基礎とする

　図書館は誰でもが買えるような本は置かず，もっと高価な一般の人が手にできない本，例えば学術叢書や個人全集などを中心とした本を置くべきであるという意見がある。しかし，図書館は誰でもが利用する資料を基本に広い範囲で収集する。特殊な資料や専門的なものはそれらの入門書や解説書によって一般的利用をはかる。特に

住民が生活の上で、あるいは社会的に関心あるもの、仕事上役に立つものなどを重点をおく。そのためには図書館員は常に社会の動向や住民の生活的関心を把握することに努めなければならない。

既に開館して久しい図書館は、予約やリクエストなどによってある程度利用者層を把握することができるが、新設の図書館ではこのようにはならないので、基本的、一般的なものを選ぶ。基本的な資料とは長い間読み継がれてきた定評のある、社会的にも生活的にも役に立つ基礎的資料をいう。一般的とは生活が楽しめ、時代に合致した資料で、誰もが利用できるものを指す。これは新しい一過性のものもあると同時に、過去に遡った資料もある。

(6) **要求選択と価値選択**

要求選択とは利用者の要求をもととし、その要求にそって選定することである。図書館の目的や方針に基づく資料選定論では、利用者要求を基準とし、要求の多い資料を優先的に購入する。つまり予約やリクエストなどにはほとんど応ずる。

価値選択は、図書館側が一定の基準を設けて、それにはずれたものは購入しない。この選択の基本には、利用者は図書館が選んだ資料を利用すべきである、という考え方である。したがって、利用者の要求も図書館側の考えと合致したものに限る。

資料の選定で一番難しいのが、この両者をいかにバランス良く使って選定を行うかということである。最終的に判断するのは利用者であるが、図書館としても収蔵容量や予算に限りがあって、必ずしも要求のあったものを全て選ぶことはできない。しかし、図書館

に来た利用者を失望して帰すことはなおさらできない。また，図書館側としてもその図書館の蔵書構成をどのように組織していくかは，その図書館の目的や方針によっている。したがって，利用者の要求を基本として，図書館の運営方針に沿って選んでいくことが大切である。

利用者の要求を基礎として選択の幅を広げていく。図書館員の質的発展が利用者によってつくりだされ，そこで選ばれたものがさらに利用者の知的好奇心をたかめていくことになる。このことについて前川恒雄は「価値選択と要求選択の矛盾は，図書館員の選択と利用者の要求・利用が互いに影響しあうことによって統一される。選択→利用・要求→選択という環が，利用者の知的好奇心・向上心と図書館員の質的向上への意欲によって，螺旋を描きながら上昇していく。」[4]と述べている。

4.2.2 図書館で資料を選ぶのは誰か

図書館で資料を選定するのは図書館員の仕事である。しかし，それが個人でばらばらに，恣意的に行われては，その図書館としての目的や方針にそぐわないばかりか，責任が明確でなくなる。図書館が組織として選定を行うためには基準や規則を完備し，目的や方針を十分理解しなくてはならない。そのためには，次のような選定についての方針を明文化しておくことが必要である。

(1) 責任の所在を明確にする

本を選ぶのは図書館員である。その責任は図書館長であって教育

長ではない。

　思想信条，歴史観などから図書館の蔵書にたいして圧力をかけられる場合がある。特定の政治結社や団体による脅迫まがいの資料の押し売りもある。これらに対しては図書館での資料の選定の意義，図書館で行っている選定購入の基本的な考え方を示して，毅然と対処する。これらの押し売りが市長や議会事務局，教育委員会事務局などを通じて持ち込まれることがある。これら，庁内との関係については，図書館が応対して判断し決定するという道筋（回路）を普段からつくっておくとよい。

(2) 業者に依存してないか

　最近，図書館の資料群はどこへ行っても金太郎飴で，地域やその図書館の特徴が見あたらないということがよくいわれる。それは，資料費の絶対数が少ないため，最低必要な一般書しか買えないということと，選書と購入手続が一体となった装備会社や取次などの全点買いにまかせて，図書館として選んでないケースが増えているということである。最近，図書館の業務がコンピュータ化されたため，業者任せの図書館などには，マーク（MARC＝機械可読目録）のないものは買わないという傾向もある。マークというのは，図書館の一つ一つの資料の内容が電子的に記録されたもので，昔のカード目録の電子記述版といえる。

　マークだけに依存せず，日刊新聞や雑誌の書評や広告・案内，書評紙，各出版社の出版目録などを資料として図書館独自の選定をすることが，その図書館の豊かで層の厚い蔵書群を造りあげていくの

である。特に新聞広告では1面下の三段八割広告は1本当りの広告の費用が高いこともあって、そこに掲載する出版社はその社の選り抜きの出版物を紹介している。したがって、そこに載るものをみると今の時代を反映した出版状況がうかがえる。[5]

4.2.3　計画的な蔵書（資料）構成

図書館が書店と決定的に違うのは、貸し出した図書（資料）は戻ってくるということである。これは図書館が資料保存という任務をもっているからである。保存とは人類の過去に集積した知識を未来に継承していくことであり、図書館における保存的機能は貸出し（資料提供）を目的としたものである。蔵書構成は図書館によって異なり、その規模や種類、利用対象によって決められていく。

図書館における蔵書構成には、a.歴史的に定着している基本的文献、b.調査・研究のための資料、c.専門的図書、d.新しい情報資料、e.レクリェーション・娯楽のための図書、f.生活実用書、などがある。このなかでb、cはa、dと重なりあう部分があり、e、fは主に新しいものが求められる。

蔵書構成は図書館によって異なると述べたが、図書館の大小、中心館と分室・分館との関係、県立と市町村の役割などによっても蔵書構成のあり方は変わってくる。また、特定のジャンルや主題をコレクションとして所蔵している図書館もある。

例えば、市町村で蔵書数3万冊以下の場合は、文芸読物、生活実用書、児童書で4分の3、残りの4分の1で辞書・事典、統計書、白書、年鑑などの参考図書、専門書（入門書も含む）の割合で、10

万冊以下になると参考図書や専門書の割合を増やしていく。年間の増加割合は蔵書の2割といわれているが，10万冊以上15万冊未満の図書館では最低でも年間出版点数（約7万点）の3分の1，10万冊以下でも1万冊は欲しい。

4.3 資料管理と棚づくりと
（利用者にとって探しやすい棚揃えとは）

4.3.1 開架方式が図書館を変えた（空間を楽しむ）

今まで日本の図書館は，棚排列にはあまり力をいれてこなかった。長い間閉架式，出納式の貸出しに慣れていたため，図書の排列も必然的に函架番号（棚の連数や段数またはケースなどの番号をさす）ですぐ取り出せばよかった。つまり，目的の本は番号をたよりに見つけ出せればよかった。その後，「日本十進分類法」（NDC）による主題別排列となった。これは同一主題や他の主題番号から本の表題を探すのには便利だが，主題を超えた内容を探すのには不便である。特に，従来の閉架式の出納事務ではそのNDC排列もあまり威力を発揮できなかった。

しかし，開架式の図書館が増え，それが定着してくると，図書館の利用の仕方が変わってきた。開架式になってから，利用者が書棚を見る楽しみ，その中から自分の読みたいものを探す楽しみ，見つけだす喜びが生まれてきた。

従来は自分の求める本を目録で確かめて，その番号をたよりに目的の本を探していた。しかし，現在は，本そのものが目録となって，あたかもカードを1枚1枚めくって探すように，書棚に並んでいる

本を1冊1冊探せるようになったのである。そして、図書館の中を散策しながら、本の林に囲まれて、文化の匂いを満喫している人が多くなった。

書店チェーン「リブロポート」の社長、小川道明は池袋のデパートに書店を進出させるにあたって、「本を選ぶ楽しみのある空間づくり、発見のある書籍売場づくりを追及し……ゆったりとした通路と選び抜いた……イベントコーナー」が必要なのだと語っている。[6]

この空間とコーナーをどうつくるかが、図書館経営の一番大事な点なのだと思う。開架方式が定着して、すでに二十数年になる。もうそろそろ、開架式に見合った本の並べ方を考える時期にきているのではないかと思うのである。

4.3.2 特定主題・ジャンル別,グルーピングによる書架（排架）分類

埼玉・朝霞市立図書館では、排列を考えるとき、まずNDCにとらわれず一般図書・生活実用書・児童書・参考図書・専門書の5つの類型を基本にして、ジャンル別にグルーピングを行った。そして、棚排列は低い棚が実用書棚、高い棚が小説・専門書とし、実用書と専門書の棚はものによってはなるべく近くにもってくるようにした。この結果、専門書、一般図書、生活実用書と本を求める人が分散され、さらに、利用者にとって探しやすい棚揃えとはどういうことかがだんだんわかってきた。

特定主題・ジャンル別グルーピング分けはなぜ便利か。

例えば，朝霞市立図書館では007（コンピュータ・ソフト）については548（情報工学）と隣合わせて置いている。また，鶴ヶ島市立中央図書館では007の向かいに547.4（通信工学）をもってきている。インターネットが盛んになり日常的になってくる。336.5（NDC 9 版では582.3）に分類されている「一太郎」や「Word」などのワープロソフトの解説書も一緒にあれば便利である。

また，主題の中に埋もれているものとして，例えば580（製造工業），750（工芸），594（手芸），597（住居・家具調度）などの中で日常生活的なもの，趣味工作ものなど一緒にまとめておいた方が使いやすい。さらに，495（産婦人科），593（マタニティ用や赤ちゃんの着衣），498.2または596（妊婦の食事と栄養），148.3（生まれてくる赤ちゃんの名前のつけかた），599（育児），598（家庭医学），493.9（小児科），子どもの心理学（143），例えば山崎翠の『子育てに絵本を』など親と子の触れ合いに読み聞かせなども大事だということで，読書案内（019）などと一緒に並べた方が親切である。

地球環境を考えた場合，酸性雨だけとってみても654（森林保護，熱帯雨林），451（気象）などがかかわっている。ゴミ問題についても，518（衛生工学），361（都市問題），318.7（地方自治），434（化学合成），436（金属元素とその化合物），437（有機化学）そして519.7（産業廃棄物）にもかかわってくる。また，長良川河口堰の生物・水質問題など，今や環境問題は特別に棚をつくって別置したほうがよい。原発，放射能障害，食品公害，最近では携帯電話などによる電磁波障害や環境ホルモンなども話題になっている。

304（社会評論・社会科学雑書）は常に新しい本が出ている。そ

の時代時代で敏感に政治，経済，国際問題，社会事情などのものが出されビジネスマンに人気がある。これも同一記号で多くのものがあり，その中をそれぞれの主題に合わせてグループごとにまとめて並べる。

　埼玉・浦和市立図書館では336（経営管理）の隣に670（商業）をもってきている。中小企業や商店の多い地域ではこれが便利である。

4.3.3　埋もれていた本に日の目をみせてやる

　普段は埋もれて日に当たらない本も，テーマ展示をすることによって利用者の目にふれさせることができる。朝霞市立図書館では1989年から，毎月テーマを決めて展示を行っている。その中には「沖縄の20年」，「バルセロナ・オリンピック」，「学校週5日制」，「カンボジアPKOと自衛隊」，「野球と監督」，「少数民族と日本」，「東北と藤原四代」，「地震と災害」，その年の児童書についての朝霞市立図書館選定Aランク，などの展示を行っている。最近では，「日本特撮映画，現在，過去，そして…」，「トイレに光を！」，「ミステリー・ミステリー・アンド・ミステリー」，「98年度文学賞の受賞」，「ビートルズ」などを行っている。毎回，約50冊～100冊くらいの資料を紹介した冊子をつくり配っている。その冊子自身がジャンル別主題リストとして現在ではかなりの量となり，レファレンス資料として役立っている。

　また，その時々のニュースや社会の動きに合わせてブックフェアを行ったりしている。スキー・シーズンには等身大のうさぎ（朝霞市立図書館はうさぎがマスコット）にスキーをはかせて立たせ，そ

の周りにスキーに関する図書, 雑誌, ゲレンデ案内のパンフレットやビデオを置いて紹介した。著名な作家が亡くなったりしたときには, その人の作品を並べて業績を紹介している。

4.3.4　決め手は毎日の棚管理

開架棚の容量は一定であり, 限界がある。しかし, 新しい本はどんどん出版されるし, その新しい本が棚になければ魅力ある棚揃えはできない。したがって, 棚には常に本があふれる。棚の本抜き（除架）は毎日, 日常的に行わなければならない。そして, 抜いた本は保存書庫・閉架書庫に収納する。

しかし, 抜いた本は再び利用されることもあり, そのときの状況で開架棚に並べられることもある。テレビや映画, 社会的事件, 国際状況の変化等によって以前読まれたものが復活することがある。最近では, 利用者用コンピュータが普及してきたため, 開架に見えないものでも利用が増えているとの報告が, 浦安市や東京・目黒区から出されている。しかし, じかに手にとって見るのにこしたことはない。したがって, 図書館員はいつも本の棚揃えのことを考えながら仕事をすることが大切である。

ここで役にたつのが本に貼ってある貸出期限票（写真2）である。どの本が何回くらい貸し出されたか, いつ頃から貸出しが止まったか, 最近, 貸し出されたのはいつかなど貸出期限票をみれば一目瞭然である。

棚管理を毎日行うためには職員全員が1日1回は必ず棚にさわることである。朝霞市立図書館では, 職員全員に棚を割り振ってそれ

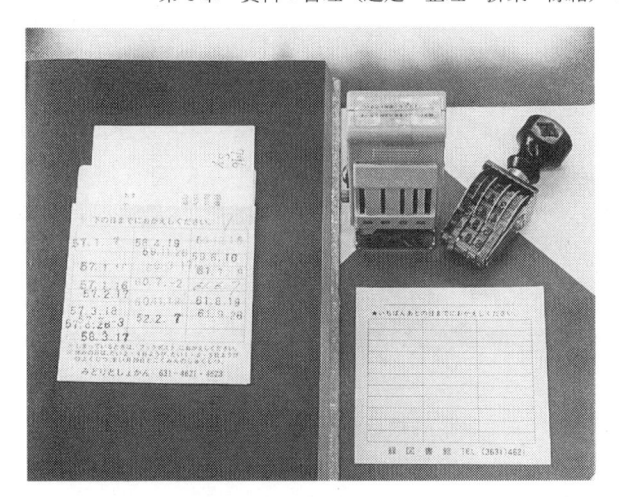

第4章　資料の管理（選定・整理・排架・除籍）　93

写真2 ＜貸出期限票＞　　　　　　　写真©漆原宏

それの棚を担当させ，責任をもたせて，あまり利用のない棚からの本抜き，欠本の補充，などを行っている。閉架の棚も一緒に担当するので受持ち部門の所在についてはその棚の担当にきけばすぐわかる。この結果職員は資料の動きによく注意するようになり，利用者の問い合わせにぱっと応えられるようになった。

　浦安市立図書館では，「蔵書構成グループ」をもうけている。主題をNDCとおりでなく8つに分けて，最低3年は同じ主題を担当している。これには全員かかわって，選定から除籍まで責任をもつという。

4.4　除籍とリサイクル

　除籍を行う前に，除架を行わなければならない。

図書館の開架棚には常に魅力的な資料がなくてはならない。いつも同じ本ばかりの棚では利用者は飽きてしまう。したがって，利用時期をすぎた本は棚から外し新しい本にその場所を譲る。このように，魅力ある棚を維持するためには読まれなくなった本を除架することが必要である。除架した資料は閉架書庫に保存し，再度の利用を待つ。

保存書庫を持たない図書館では，除架の資料は即除籍につながる。除籍は，図書館の蔵書からその「籍」を外すことで，文字通り蔵書でなくなることである。廃棄は除籍した資料を資源回収業者に譲り渡すか，焼却または溶解処分を行うことである。近年，リサイクルが叫ばれ，図書館の除籍資料を住民に無償または有償で提供したり，市内の学校，児童館，保育園などに提供したりして，リサイクル活用をはかるところが多くなっている。

4.4.1 除籍の方法

除籍とは，一度受け入れた図書を，所在不明・回収不能・切り取り・破損・汚損・不用等の理由で，保管記録の上から取り除くことで，現物のあるものは，所定の手続きをして蔵書から除去することである。[7]

除籍は従来，その事務上の手続きが面倒なのと，蔵書冊数が減少するのをおそれて，書架または書庫にスペースのある間は，余り積極的に行われない傾向があった。また，それは一度除籍した資料は二度と手に入らないなど，資料に対する思いが消極的にしているともいえる。

除籍の方法は図書館によって若干違うが、棚から抜き出した資料のリストを作成して物品会計上の「除籍」手続を行う。従前は図書原簿に記載されている図書を1冊1冊赤線を引いて抹消した。最近ではコンピュータ化しているため、コンピュータ上除籍予定または廃棄資料などの用語と日付を付ける。廃棄の際、そのデータはフロッピーかテープに落しこんで保存する図書館もある。

この際、図書館長（または管理係長）に物品出納員としての権限がある場合は、物品の処分を行い収入役に報告する。処分には消耗、売却、亡失、毀損、管理換、廃棄の方法がある。

物品出納とは物品が出納職員の保管を離れるか保管に属する手続のことで、物品の消耗、売却、亡失、毀損、管理換、廃棄、を「出」といい、購入、管理換、寄附、などを「納」という。

4.4.2 除籍の種類

除籍には、蔵書構成、利用状態をよりよくするために積極的に行う除籍と、亡失、毀損などを主に行う消極的除籍がある。

蔵書の利用状態をよくするための不用資料の除籍は、資料の内容が文献的価値を喪失しているもの、館の運営方針と著しくかけ離れたものが中心となる。

自治体内の団体（学校、保育園、社会教育施設）、県立や他の市町村図書館へ管理換えすることもある。

4.4.3 リサイクル

リサイクルには、①市民が寄贈等で図書館に持ち寄る資料の中で

写真3＜リサイクルラベル＞　　　写真©漆原宏

図書館として不用のもの，②図書館の廃棄した資料のうち汚・破損を除いた再利用可能なもの，の2つがある。図書館はこれらの資料を管内の学校，保育園，社会教育・福祉施設などの公的施設や一般市民に払い出す場合がある。

　近年，廃棄資料についての処分は書類手続を完了すれば，現物は図書館にまかされる傾向にある。図書館ではその館の所有を表すバーコード・ラベルに「○○図書館リサイクル資料」などのシール（写真3）をつくって貼り○○図書館の廃棄資料であることがわかるようにしている。

4.5 出版流通と図書館

4.5.1 出版流通

日本の出版流通の特徴は、「委託販売制」と「再販売価格維持制度（以下「再販制」）」によって維持されている。委託販売制は明治期にいくつかの出版社が始め、大正期に普及した。その制度は一定期間なら返品自由という制度で、売れた分だけ支払い売れ残ったものは返品できる仕組みになっている。そのため、書店は安心して販売できるし、出版社も取次ぎ制度を通して全国の書店に配本がおこなえるので、コストがおさえられる。

再販制は1919年（大正8年）に東京書籍商組合の総会で「奥付に記載した価格」で販売することを決めたのがその起こりといわれている。すなわち、メーカーである出版社が価格を決めてそれを小売りである書店に守らせる制度で、それによって安定した出版事業が行われてきたといわれている。

出版社は取次（出版販売会社）を通して、全国約2万店といわれる書店に図書を卸している。しかし、近年、書店ではお客が売場面積の大きい繁華な場所に集中し、地域の小さな書店経営は苦しく廃業がふえてきているという。

日本の出版社数は約4000社といわれ、1年間で約7万点の図書を出版している。その内80％の出版物が約300社で占められており、その他は中小出版社が占めている。

日本の出版産業は年間2兆3千億円（『出版年鑑2004』）といわれている。これに対して公共図書館の2004年度資料費予算をみると333

億4059万円(『日本の図書館　統計と名簿2004』)と出版総売上げの1.4%である。

　　内訳　　市区立　232億6504万円
　　　　　　町村　　66億1106万円
　　　　　　県　　　33億6713万円
　　　　　　広域　　　　3357万円
　　　　　　私立　　　　6379万円

公共図書館の1館当りの平均図書費は11,802千円になる。

図書館の購買力がせめて10%になれば，学術出版書や良書の普及に貢献し日本の出版文化をさらに発展させることになるだろう。

4.5.2　再販制とは

再販売価格維持制度(再販制)とは，生産者(出版社)が価格を決定して，その価格を中間業者(取次＝出版販売会社)を含めて小売業者(書店)にもその価格を守らせる制度である。

普通，販売というのは生産者から買った商品に対して中間業者や小売業者が価格を決めて消費者に売ることである。「再販売」というのは販売相手が直接消費者でなく中間業者に売る，中間業者が小売店そして消費者に売る。いわゆる再び販売するということである。そして，「価格維持」をさせる制度といえる。

現在の制度ができたのは，1953年の「私的独占の禁止及び公正取引の確保に関する法律」(独占禁止法，以下「独禁法」)の改正により「法定再販」(独禁法第24条2の4項，法律により直接再販制が許容される)という，より強い根拠で再販制が「適用除外」として

認められた。これは，西ドイツの競争制限禁止法が「文化政策の見地」から出版物の再販制を認めたことを根拠としている。その理由は「①販売しやすい売行きのはやい出版物ばかりでなく，売行きのおそい専門的な出版物も消費者が購入しうる体制を維持すること，②このためサービスのよい多くの専門小売業者が全国的に広く存在すること，③このようにして国民が出版物に容易に接する機会が広範に存在することが必要であり，このためには再販制が必要である」[8]とされている。

その後，1980年，当時の公正取引委員会の橋口委員長から再販制を見直すとの発言があり，この発言に対して日本書店商業組合連合会（日書連）や日本書籍出版協会（書協）が中心となって，見直し，撤廃反対の運動が盛り上がり，その結果，「部分再販」，「時限再販」が導入されたが，再販制は維持された。

行政改革委員会規制緩和小委員会は1995年7月に再販制廃止を方向づける「中間報告」（「再販適用除外が認められる著作物の取扱について　中間報告」）を公表した。この報告では再販制撤廃の理由として，「本来，再販契約を実施するか否かは出版業者の自由な意志によらなければならない」のに「取次主導で運営されている傾向があるほか，小売業者が出版業者に対して小売マージン率」の引上げなどを団体として協調的行動をとっている。さらに，「売れ残り品の値引き処分ができないため，返品・再出荷のプロセスを経て売れ残った」ものが相当廃棄されるなど資源の無駄が多い。また，情報メディアの発達によって情報格差はなくなってきている現在，全国同一価格，同時販売は必要なく市場原理を利用した地域価格を設

定すべきであるとし，さらに，再販制は独禁法に違反なのでやめるべきである,[9] と指摘している。

これらの報告に対して，出版界・図書館界あげて運動の結果，行政改革委員会は1997年12月最終意見を発表し，公正取引委員会はその意見をもとに関係者の事情聴取などを行った結果，1998年3月31日「著作物再販制度の取扱について」という報告書を発表した。その内容は「廃止の方向で検討されるべきものであるが……文化の振興・普及と関係する面もあるという指摘もあり，」再販制度撤廃は時限再販，部分再販の実施や割引価格の導入などをもりこんで，「一定期間経過後に制度自体の存廃」を検討すると猶予期間がおかれることになった。[10]

4.5.3 図書館と再販制

再販制廃止は図書館にどのような影響を与えるのだろうか。

再販制がなくなり，競争原理が働き販売が自由価格制になると，価格設定が自由なので小売店が価格を値引きしたり，消費者は同一本でもより安いものを購入することができ，商業活動が活発化する。図書館のように大量に購入するところではさらに安く購入することができるようになる。また，「時限再販」の実施によって一定時日の経った出版物や部分的に割引販売を行う「部分再販」によって定価よりさらに安く購入することができるようになる。

一方，これに反対の意見としては「自由競争販売」になると，利用の幅が狭い学術専門書や年に数冊しか出してない小出版社のものなどは手に入りにくくなる。

その結果書籍の種類が大幅に制限され，図書館として必要なあらゆる思想，学問を網羅できなくなり，広く国民の学習する権利が制限され，「図書館の自由」が侵されることになる。そして，

　①学術専門書は高価格となり購入が困難になる。

　②委託販売制，全国同一価格制がこわれると，地方と大都市周辺とでは集品範囲と価格が異なり格差が生じてくる。

　③カバープライスと実質販売価格が異なり，かつ，購入のたびに同一書籍でも価格が変動するため，会計上予算執行や契約が複雑になる。

　④再販制がなくなると，出版社は図書を商品として扱いよく売れるものを中心とするため出版に偏りがでる。

4.5.4　装備付き割引購入の問題点

　一部の図書館では装備込みで価格を割引いて資料を購入している実態がある。前述のとおり，図書は再販制によって定価販売が義務付けられている商品であり，この制度があるため日本全国どこでも同一価格同時販売が行われ小部数出版社も運営していくことができる。今，図書の定価購入と装備費の問題で一番問われているのが，これに対する図書館側の意識である。

　「定価」問題についていえば，再販制は官公庁への納入にあたっては適用されないとの説がある（独禁法第24条の2の5〈再販売価格維持契約〉）。しかし，これは官公庁が事務用の資料として購入するもの，例えば，同一の六法全書や法律解説書を相当数まとめて購入する場合であって，図書館のように多品種小部数を購入するのと

はおのずと違いがあるのではなかろうか。

再販制による「定価」維持と委託販売制度は、図書館にとっても大事な制度である。図書館側が値引きや装備費の上乗せを要求することは、再販制撤廃に道を開くことになり図書館の自殺行為といえよう。

かつては図書館の存在が小さかったため、定価購入や装備費はあまり問題にされなかった。しかし近年、図書館の利用が増え、今や国民にとって必要な機関となってきたため、これらの面についても注目されてきている。

新しい時代の図書館が利用者の期待に応え、よりよいサービスを行うために、住民にも再販制について理解を求め、図書館自身がよってたつ出版文化を大事にする常識を図書館界に定着させる努力が、今求められるといえよう。

4.6　図書館資料と著作権

図書館における著作権問題というと、資料の「貸出し」、「複写サービス」、「映画上映」などにかかわることである。

特に近年は録音・録画、コピー機など機器の発達と、コンピュータによるインターネット・データベースへのアクセスもあり、複写・複製がますます重要な問題となってきている。

「著作権法という法律は、……文化に関する法律の中でも特に重要な法律であるといえる。」著作権法の趣旨は「知的・芸術的創造物およびそれらの創作者個人の権利を守ることを基本とし、著作権者の人格的財産的利益を保護」[11]することにある。

図書館の資料はそのほとんどが著作権法でいうところの著作物にあたり、著作権者の許諾を得ずに勝手に利用することはできない。しかし、同法第30条から50条では著作権者の権利を制限している。

4.6.1 貸出しと著作権

著作者は自分が作成した作品（著作物）について「公衆に提供」する権利をもっている。これが著作権法第26条の3にいう「貸与権」である。これにより、著作者は自分の著作物であるレコード、CD、図書等、絵画、写真などを複製して一般市民に貸し出すことを許諾したり、制限したりまたは著作権料を請求する権利を主張することができるようになったのである。

ヨーロッパのイギリス、ドイツとオーストラリアでは著作者に対して、著作物を公衆に貸与する権利である「公貸権」を認め、図書館は貸出しのために公貸権料をしかるべき機関に支払っている。

日本の著作権法では、「営利を目的としない場合」に限って法26条の3の「貸与権条項を越えて」貸出しができるという条項が法38条で認められている。

日本の図書館法は、17条により、図書館利用にあたって「いかなる対価をも徴収してはならない」と無料の原則を明確にしている法律である。したがって、資料を借りた者から使用料をとることはないので著作権法第38条4項により映画著作物を除く資料の貸出しはできる。一方、貸し本・音楽・映像などのレンタル業者は、CD、録音テープの貸出しに対しては著作権料を払わなければならない。

次に各資料ごとの扱いについて述べる。

(1) **図書・雑誌等印刷物**

図書館では従来から貸し出しているものとして図書，雑誌などがあり，形態や種類もさまざまである。

図書は形として単行本，文庫本，辞書・事典，パンフレット，内容としては一般書，専門書，地図集，絵画集，写真集，デザイン集などがある。また，雑誌や新聞，白書や統計書，研究紀要などの逐次刊行物があり，最新号であるか否かを問わず貸出しはできる。

(2) **レコード，CD，録音テープ**

音楽の著作物は紙に印刷された楽譜を含めて，著作権法第38条4項により貸し出せる。

レコード，CD，録音テープなどの音楽著作物は，著作権法第95条の3により実演家の貸与権が，同法第97条の3によりレコード製作者の貸与権が及んでいる。これらの著作者は貸与権を行使して，一定期間の貸出しを禁止している。それは「最初に販売された日から起算して1月以上12月を超えない範囲内において政令で定める期間」貸出しを禁止することができるからである（著作権法第95条の3第2項，法97条の3第2項）。また，外国レコードメーカーの原盤は国内メーカーを通じて販売され，1年間は貸出しができない。したがって「貸しレコード業者」はこの期間が経過したレコードを商業的に貸与する場合は相当額の著作権料を支払うことになっている。

レコード，CD，録音テープに記録されているもので「音楽著作物」でないものがある。それは，講演や朗読，語学学習の音声を録

音したレコード，CD，録音テープ，小鳥の鳴き声やせせらぎの音などの自然音は音楽著作物にはならない。したがっていずれも著作権法第38条4項に関係なく図書館の貸出しは認められている。

(3) 映画等の映像著作物

著作権法第38条5項にもとづく政令で「映画の著作物の複製物の貸与が認められる施設」が定められている。[12]

ビデオテープ，DVDなどの映画著作物の貸出しは，図書館では公立図書館と，民法34条の法人が設置する私立図書館に限られていて，学校に付属する図書館は除外されている。したがって，小・中・高校の図書館や高専・短大・大学の図書館はこの著作権法第38条5項では貸出しができないということになる。

公立図書館では同法第38条5項で貸出しができるとはいっても，著作者に補償金を支払わなければ合法的に貸出しはできない。

図書館の貸出用ビデオについては，日本図書館協会（日図協）では図書館の利便をはかるべく，約160社の著作権者と契約を交わし，公共図書館等が購入する貸出権つきビデオについては1988年から補償金を含めた定価で販売しており，99年4月現在約1900の機関が利用している。

日図協では『AVライブラリー著作権補償処理済タイトル一覧表』を年2回発行し，このリストからの購入に限って「個人視聴用貸与承認」の証票がついたビデオテープを定価で販売している。日図協から購入したビデオには上記著作権処理済みシールが添付され，それをテープに貼れば貸出しが可能となる。また，日図協ルートの

ビデオソフトは著作権者との許諾契約を結んでいるので，学校付属の図書館でも貸出しできる。

なお，東宝，東映，松竹など主要邦画メーカーの作品は，定価の2倍程度の「図書館向け価格」が設定されており，それを購入する場合はそれぞれの会社と著作権契約を結ばなければならない煩わしさがあるが，近年邦画も日図協で購入できるようになった。日図協では日本映像ソフト協会と上映権について話合いをすすめ，1998年6月一定の了解事項に達し，2001年12月「合意事項」を締結した。

しかし，館内上映については著作権に加えて興行者（映画館主）との関係があるので，結果的に営業を妨害するような作品の上映については注意をする配慮が必要である。

(4) CD-ROM ソフトの扱いについて

音楽・音声 CD については(2)で述べたが，書籍・雑誌の付録についての扱いについては各社まちまちである。いわゆる，CD-ROM 付き書籍・雑誌の貸出しについて各館では対応に苦慮している。

日本電子出版協会（JEPA）著作権委員会では，図書館における館外貸出しについて2000年秋，出版社・公共図書館にアンケートを行った結果，館外貸出し「識別ロゴマーク」（図参照）をCD-ROM本体，CD-ROMパッケージ，奥付などへ表示することになり，「貸出可」「貸出不可」を明確にすることになった。したがって，貸出不可の場合は館内閲覧扱いになるので，図書館においては視聴可能な機器の整備が求められることになる。

第4章 資料の管理（選定・整理・排架・除籍） *107*

識別ロゴマーク

4.6.2 図書館等における複写・複製

著作権法第31条は営利を目的としない事業として，図書館等の図書，記録その他の資料を用いての著作物の複製を認めている。

○著作権法第31条

図書，記録その他の資料を公衆の利用に供することを目的とする図書館その他の施設で政令で定めるもの（以下この条において「図書館等」という。）においては，次に掲げる場合には，その営利を目的としない事業として，図書館等の図書，記録その他の資料（以下この条において「図書館資料」という。）を用いて著作物を複製することができる。

一　図書館等の利用者の求めに応じ，その調査研究の用に供する

ために，公表された著作物の一部分（発行後相当期間を経過した定期刊行物に掲載された個個の著作物にあつては，その全部）の複製物を一人につき一部提供する場合
二　図書館資料の保存のため必要がある場合
三　他の図書館等の求めに応じ，絶版その他これに準ずる理由により一般に入手することが困難な図書館資料の複製物を提供する場合

「図書館等」とは国立国会図書館，公共図書館，大学，短大または高等専門学校に設置された図書館，科学技術振興事業財団科学技術情報事業本部，日本医師会図書室などであり，高等学校以下の学校図書館や企業の図書室は含まれてない。

複写は「利用者の求めに応じ」て行うもので，あらかじめ利用を予測して複写しておくことは認められない。「利用者」は個人であり法人等は含まない。

「調査研究の用に供するため」とあるが，必ずしも高度の学術研究に限られてはいない。しかし，単なる娯楽や観賞のための複写は，この規定の範囲外とされている。もちろん，出版物に掲載するための複写や営利を目的としたものも範囲外である。

複写の範囲は「著作物の一部分」とあるが，「一部分」とは「すくなくとも半分は超えないものを意味する」[13]とされている。実務的には，半分を超える量的規定を明確にし，館内の取扱を統一したものにする必要がある。地図や楽譜の複写は一部分では用をなさないため，応じていない図書館が多い。

雑誌等の定期刊行物の複写については「発行後相当期間を経過したもの」とあるが，「発行後相当期間」とは，原則として次号が発行されるまでと考えられている。また，同一部分を同じ利用者に複数部数提供することはできない。

次に，同法第31条第2号についての「保存のため」とは，必要やむを得ないものに限られ，その複製は自分の図書館のものに限られ，他館から借りて複製することはできない。また，同じものが購入できる場合は認められない。しかし，破損しやすい稀こう本や貴重書などを保存するために，閲覧用にコピー本を一部作っておく場合は認められている。

一般図書資料で欠損・汚損ページを補完するための複製，所蔵資料をマイクロフィルム，マイクロフィッシュ等に縮小複製することは本号の「保存のため」とはいえないが，条件つきで認められている。その条件とは縮小版，縮刷版などが市販されている場合は自館で縮小複写するかわりにそれを購入しなければならない。市販品がなく，自館で複製する場合には原資料を廃棄すると解されている。

同法第31条第3号の「他の図書館等の求めに応じ」て（「他の図書館等」とは著作権法施行令第1条の3に定められた施設に限られる）複写を行う場合は，和書では出版社等に問い合わせても絶版または在庫ぎれで入手できないものに限られる。価格が高い，あるいは購入予算が足りない等の理由で購入できない場合は該当しない。また，複製の主体はその資料を保存している図書館に限られており，申し込んだ側が複製することは認められない。したがって，「貸出すから，そちらで複写してください」ということはできない。[14]

近年,複写にはコイン方式が行われるようになった。コンビニェンス・ストアなどで普及していることもあって,図書館でも採用するところが増えてきた。これは,釣銭の受渡しなどもなく,運営上合理的であることから普及した。

しかし,コイン方式は厳密には法31条の規定の趣旨を逸脱するものとみなされている。

機器を導入するに当っては具体的に次の点について図書館側のチェックがきびしく求められている。

 ①複写機は職員の目の届く範囲に設置する。
 ②著作権法31条の内容を示し,職員も必要に応じてアッピールする。
 ③私的使用(法30条)との混同を避けるため「複写は当館資料に限る」旨掲示する。

なお,最近の複写権センターの説明では,次の4点を充たすものは認めるという考え方に変更している。

 1.使用するコイン複写機は,図書館の管理下にあること。
 2.利用者は,図書館に複写の申込みをすること。
 3.図書館は,申込みが適法なものであるかどうか審査する。
 4.複写後,図書館は複写物が申込みの内容と一致しているかどうか確認すること。[15]

また,蔵書量が多く複写件数が大量な図書館では業者委託方式を採用しているが,著作権第法31条の精神を逸脱しないようにマニュアルや取扱要綱などを定め,厳密に行われなければならない。

注

1) 塩見昇編著『図書館概論』4訂版（JLA図書館情報学テキストシリーズ　1）日本図書館協会，2004, p.23
2) 伊藤峻「図書館司書職制度の現状と今後の課題」『月刊自治研』1972.11, p.25
3) 立花隆『ぼくはこんな本をよんできた—立花式読書論，読書術，書斎論』文藝春秋，1996, p.51
4) 前川恒雄『われらの図書館』筑摩書房，1987, p.74
5) 『朝日新聞』1999年1月23日付，筆者談
6) 小川道明『棚の思想—メディア革命時代の出版文化—』影書房，1990, p.77
7) 沓掛伊佐吉編『図書の受入・保管・払出』（シリーズ・図書館の仕事　7）日本図書館協会，1967, p.160
8) 伊従寛『出版再販—書籍・雑誌・新聞の将来は？—』講談社，1996, p.40
9) 前掲『出版再販—書籍・雑誌・新聞の将来は？—』p.189〜190
10) 公正取引委員会「著作物再販制度の扱いについて　平成10年3月31日」『図書館雑誌』1998年3月号，p.362
11) 日本図書館協会著作権問題委員会編『図書館サービスと著作権』（図書館員選書　10）日本図書館協会，1994, p.1
12) 著作権法施行令に示される条文は以下のとおり。
    第2条の2　法第38条第5項の政令で定める施設は，次に掲げるものとする。
    　一　国又は地方公共団体が設置する視聴覚教育施設
    　二　図書館法第2条1項の図書館
    　三　前二号に掲げるもののほか，国，地方公共団体又は公益法人が設置する施設で，映画フィルムその他の視聴覚資料を収集し，整理し，保存して公衆の利用に供する業務を行うもののうち，文化庁長官が指定するもの

2 文化庁長官は，前第三号の指定をしたときは，その旨を官報で告知する。
13)『著作権審議会第4小委員会（複写複製関係）報告書』文化庁，1976年9月
14) 前掲『図書館サービスと著作権』p.56～60
15) 前掲『図書館サービスと著作権』p.63

第5章　図書館の人事管理

5.1 図書館職員と人事管理

5.1.1 図書館長の役割

　公立図書館の館長は，住民が図書館を利用しやすいよう，よく選ばれた十分な資料，よく訓練された親切な職員，使いやすい施設を常に心がけ，それらの環境づくりに努力しなくてはならない。

　このことは一度できたから完成というのではない。常にこの状態を保つために，首長や議会，教育長や財務担当者に図書館のことをよく理解してもらい，資料費や施設の維持管理費が必要なだけ配分されるよう努力し，また，図書館の機能や役割について，職員の任務とは何かを職員に理解させ，住民に役立つ便利で魅力的な図書館にしていかなくてはならない。このことは，館長の命令一つでできることではない。職員全体の総意で創り出さなければならない。館長はそのために職員を教育し，訓練し，住民の求める図書館に近づけるよう不断の努力が肝要である。

　このような図書館長の任務や考え方は，「若い司書」だけでなくベテランの「中堅司書」にこそ理解してもらわなければならない。それは，彼らベテランが若い人たちを指導し育てる立場にあるからである。

公立図書館はあくまで地域の住民をサービス対象としているため，その専門性は組織的に，住民に対して平等に発揮されなければならない。

(1) 人事管理の基本原則

職員の勤労意欲を引き出す上からも，職場における人事の民主化は必要である。特に図書館職員の仕事は「人々の生涯にわたる自己学習に必要な資料や教材を提供する社会的責任を負っているということである。また，そうすることで人々の学習する権利を公的に保障しているのである。」[1] 図書館の仕事というのは「人」によってよくもなり悪くもなる，かなり属人的な性格の強い業務ともいえる。

図書館職員というのは，たった1冊の本がその人の人生を変えるという重要な仕事に携わっており，1日1日が真剣勝負なのである。それだけに，図書館の職員は日常的に自学自習を求められており，館長はそれらを内面的にも援助し激励し，そして保障していかなければならない。

これらを保障していく上で，民主的な人事管理とはどのように考えたらよいのだろうか。筆者の狭い経験の中からいくつかの点を述べてみたい。

a．職員に対する仕事の負担が平等か。

これは職員の立場から見て，館長はいつも自分ばかりに仕事を言いつける，あるいは，あの人には楽な仕事しか与えないとか，仕事の配分の上での不平等感を与えてはいけないということである。仕

事はきついが全員で担っているという共同意識が，業務を進めていく上で不可欠なことである。

　b．1人1人の能力が引き出されているか。

　これは長として逆に資質を問われることでもある。職員1人1人を本当によく見ているのかどうか，職員のもっている資質や性格をつかむと同時に仕事の得手・不得手，長所と短所を見分ける能力が求められる。そこから，長所を引き出し不得手のことや嫌いなことを克服させていく指導を行う。そして，そのもっている優れた能力を見つけ，引き出すことである。

　c．互いが人格を尊重しあっているか。

　これは非常に大事なことである。職場の仲間として，上司と部下の関係を越えて相互に人間としての尊厳，人格を尊重しあっているかということである。力のある者や上司が，弱い者やハンディのある者あるいは部下に対して差別や軽蔑をしていないか，弱い者たちは卑屈になっていないか。同じ仲間として対等の立場，人間としての付き合いを定着させていくことが肝要である。

　d．事務的な連絡や取決めが常に，全体に徹底しているか。

　ここで一番大事なのは，事務的な取り決めや連絡が常に全体に徹底しているか，館長の考えや思いが全職員にきちんと伝わっているかどうか，職員同士が日常の連絡を相互にきちんと伝え合っているのかである。図書館の場合は特に，集団的に仕事をしていくため，どうしてもこのことは大事な点である。

　以上，人事管理上の観点について述べたが，職員全体で仕事をし

ていくわけであるから、報告、連絡、相談を日常心がけるよう徹底させておくことである。

(2) 館長のリーダーシップと専門性

　図書館長のリーターシップは、図書館業務がよく理解できたところから始まり発揮される。

　図書館の仕事というのは、あくまで利用者という相手があって成り立つ仕事である。しかも、カウンター業務に見られるように人対人の関係のなかで必ず資料が介在する。したがって、資料について広い知識が求められるが、その知識は利用者によってさらに鍛えられ、図書館員全体の財産として共有されなければならない。

　ある職員が利用者の質問に応えられなかったり、求められた資料がその図書館に所蔵してなかったりしたときでも、利用者に失望を与えず別の方法で提供できることなど、引き続き利用してもらう方策が組織として確立していることが大切である。

　このような運営が行われるために、館長には業務の内容を理解し適切な指示を行う専門的知識が必要とされる。館長の専門的資質は、職員数の少ない小さな図書館ほど要求される。

　リーダーシップが発揮できない一番大きな原因は、館長の指示や命令が貫徹しないということである。その要因としては、a.命令系統や組織体制に欠陥がある、b.指示や命令を職員が理解できない、c.館長など管理職間の意思が不統一、などである。

　a.については館長を中心として、副館長、課長、係長主査間で命令内容がよく理解されて部下に伝達されているか、また、各係や

担当ごとに業務の責任態勢が明確になっているかなど，組織の在り方を点検する。b.は指示・命令する館長がその内容を十分理解していない，指示・命令がくるくる変わるなど自信がない，または命令者と職員との考えかたに大きな隔たりがある，あるいは館長の水準に職員の考えがついていけない，などの場合があげられる。c.は館長と副館長や課長，係長間の意思疎通が不十分で，指示や伝達が統一されず複数で出されている場合などである。

埼玉・鶴ヶ島市立図書館では1中央館と6分室の組織で，原則として月2回調整会議を行っている。メンバーは全組織から館長，副館長，主査，各担当責任者など約10人で，館運営についての諸問題を討議する。事前に館長と副館長が教育委員会や課長会の報告，指示伝達事項を含めて議題を整理し，副館長が議長となって行う。内容は，年度のはじめには年間の事業の執行計画，議会月には質問に対する答弁書や資料の作成，予算編成時期にはその分担，年度末には新年度の事業計画の策定などがあり，また日常的業務で起きる問題の処理など，運営にかかわるすべてのことが主査や各担当から出されて論議され，館長が決定していく。ここでの決定は毎週木曜日（午前8時30分から9時30分）の全体会議（臨時職員を除く全員で構成）に報告され全体のものとして実施される。

調整会議では，館長の運営に対する姿勢や考え方が明確にされ議論される。また，決定事項の執行状況はこの会議で常に点検され，主査や担当責任者の責任が明確にされる。

館長のリーダーシップとは，職責をかさにきて強権的な運営を行うのではなく，全体の組織態勢の中で十分論議することを原則とす

るが、緊急で突発的な事項についての判断は館長がくだす。これらの判断は、館長としての専門的知識と経験に裏打ちされた的確なものでなければならない。

> 優れたリーダーとは、優秀な才能によって人々を率いていくだけの人間ではない。率いれられていく人々に、自分たちがいなくてはと、思わせることに成功した人である。持続する人間関係は、必ず相関関係である。一方的関係では、持続は望めない。[2]

(3) 館長の権限と責任

図書館長は教育機関の長として、教育委員会や社会教育課などの行政部門と明確に区別され、「自らの意思をもって継続的に事業の運営を行う」と位置づけられている。(6.1.3「教育機関」としての図書館 p.172)

教育機関の詳細については第6章をご覧いただきたいが、「自らの意思をもって」ということは館長が恣意的にその権限を振るうのではない。これは、行政から独立していることを指している。図書館の業務は文化的・教育的内容を持つ。この文化的・教育的というのは、文化の自治、個人の文化的自由があってはじめて成立する。「世界人権宣言」は「何人も、自由に社会の文化生活に参加し、芸術をたのしみ、科学の進歩とその恩恵にあずかる権利をもつ」(27条1項) と述べている。

図書館にはあらゆる主義主張、思想・宗教の著作・表現物がある。

中には時の政治や行政を批判し，対立するものもある。一方，図書館員の仕事というのは住民（利用者）の知識や頭脳に直接関係する内容（読書の秘密等）をもっている。行政から独立するということはこれらの自由を保護するためであり，図書館長はそれらを護る責務がある。

これら図書館の意思を実現するために，図書館長は法的に教育長から事務の一部を委任されている。図書館法第13条２項は「館長は，館務を掌理し，所属職員を監督して，図書館奉仕の機能の達成に努めなければならない」とある。図書館奉仕の内容については同法第３条に明記されているが，「機能の達成」については，これに加えて①人事および組織，②決裁，③契約，④条例・規則の作成，⑤資料の選択及び廃棄，⑥教育委員会に対する報告などがある。

この中で，館長の職務権限としての決裁権について触れておく。

館長の決裁権（範囲）はその自治体の市長・教育長の事務委任規則によって決められていて一様ではない。決裁の範囲が館長の「職」をあらわしているのである。図書などの資料や日常の物品や用品の購入，補修工事，施設の維持管理，業務の一部委託や使用賃借など，館長が主体となって行う契約業務はかなりの数にのぼる。このなかでも，特に図書をはじめとする資料についての契約権限は図書館長が一定の金額を確保し，資料の選択権を侵害されないようにしなければならない。さらに，契約に伴う物品検査の権限，資料の除籍・廃棄などについて物品会計規則の事務の一部を図書館長に委任するなど，権限の範囲について，財務課，収入役室（出納長室）などとその点十分とり決めておくことも必要である。[3]

(4) 館長の図書館理念と運営方針をみんなが理解する

 運営の基本方針と条例・規則，分類整理の基準，カウンターをはじめとする各種のマニュアル，資料の棚揃えや配列と管理などを理解することが大切である。

 毎日の仕事の中ではいろいろな出来事に遭遇する。その体験の一つ一つが大事な学習となる。何気なく行ったことが，他人の指摘で重要な教訓になったりする。現場における毎日の仕事は大切な勉強でもある。

 公立図書館は誰でも利用できる。そこでは身分や信条，思想や宗教上の区別もなく，財産があろうとなかろうと，年齢や性別，国籍に関係なく誰もが自由に，気軽に利用できなければならない。図書館長は住民の利用を十分保障する立場にある。職員がもし，「あの人はいつもリクエストをたくさんして困る」と言ったとき，それは住民にとって必要な権利であることを教える。ときには，図書館に来て資料は使わないで，ホールで話ばかりしている年輩の婦人たちもいる。図書館は「町のサロン」として集会機能を兼ねていることも知ってもらう。

 「図書館の自由」に関する事例も，日常的にいくらでも存在している。一つ一つの具体例の中からその意義をつかんでもらう。例えば，デパートや駅から利用カードの拾得の連絡がきて，相手は善意で落とし主の電話番号や名前を聞いてきたりする。督促や予約の連絡のとき本人が不在の場合，家人がその資料名を聞いてくる。ある出版社がそこで出版した図書を不都合な部分があるとの理由で，あるいは理由を明記しないで除架や利用禁止を申し入れてきたりする。

これらは担当した当事者だけの胸にしまい込むのではなく，みんなの共通の問題として討議し理解を深めていくべきである。

5.1.2 分館，地区（域）館長について

分館，分室等についての定義は1.2.1図書館組織網（p.31）でふれたので省くが，ここではその任務について述べる。

分館，分室等については一般的には処務規定によって職務の範囲が決まっているが，それはあくまでも行政的事務範囲のものであって，図書館運営については資料の選定・除籍・廃棄などの権限，催事，集会行事などについては分館・地区館長として行うことができる。

また，予算の執行についても年度当初に本館と調整して，年間の事務費や資料費などの配分をあらかじめ行い，自主的に運営できる態勢が望ましい。すべて，本館に伺いを立てて運営するような主体性のないやり方は，図書館運営にはなじまない。しかし，図書館は組織網として一体的運営を行うところなので，個々の自主性は尊重しつつも，全体的に統一した運営は必要である。

地区（域）館については分室，分館と異なった性格をもつ自治体もあるので一様に論じられないが，本館に準ずる権限を持つことになろう。

5.1.3 図書館職員の役割

(1) 起きている図書館，寝ている図書館

地域図書館のあり方については先に述べたが，よい図書館の条件

とは一体なにか。

 それはカウンターと書棚にある。すなわち，人と資料である。ここが生き生きしているかどうかということである。カウンターに座っている職員がつまらなそうな顔をしている。なにか聞いてもキチンと応答してくれない。カウンターの仕事以外のことに夢中になっていて，利用者が真ん前に行って声をかけないと顔を上げない。たしかに，手の空いたときは他の作業をする場合があるが，それは本務ではない。常に，カウンターにくる利用者の動向に注意を向けていることが大切である。また，借りたり，返しにきたりしたとき，ちょっと気軽に声をかける。「利用してくださって，ありがとう」という気持ちを利用者に表す。[4] これは単に頭からそう思わせるのではなくして，全体の仕事の流れの中で，こういう態度が出るようなシステムをつくることが大事である。

 鶴ヶ島市立図書館では，利用者に「こんにちは（おはようございます）」とか「ありがとうございました」と言うようにしている。これはカウンターだけでなく，電話のときでも必ず言うようにしている。

 かなり前だったか，熊本・玉名市民図書館が地元のテレビで紹介されたことがあった。その中のカウンターでのシーンで，職員が図書館にきた住民に「いらっしゃい」と声をかけていたのを新鮮に思ったことがある。また，滋賀・八日市市立図書館でも，以前からカウンターで「ありがとう」といっている。住民と明るく挨拶ができる図書館ならば，すべてにわたって生き生きとしているに違いない。

(2) 求められる図書館員像

図書館サービスは施設，資料，職員の3つの要素からできているといわれているが，中でも特に重要なのは，「職員」である。

実際に，利用者から見て喜ばれ信頼されている図書館や，われわれから見ても活発な図書館サービスを展開している図書館は，そこの職員がすばらしいのである。

地域で，図書館づくり運動を行っている住民は，図書館員について次のように要求している。

> 私たちが求める職員は資料内容をよく知っており住民の要求に対して親切に相談にのってくださる図書館員です。それには司書資格をもち，図書館の仕事に情熱をもってやってくださる人が望ましいと考えます。[5]

> 図書館の職員として，住民から信頼されるには，まず第一に，図書館の仕事に情熱と意欲をもっているかどうかということです。そして，その上に立って，更に5年，10年と経験を積み，絶えざる自己研修をして専門家として成長して行ってほしいのです。[6]

第1に，求める資料を「草の根を分けても探してくれる」こと。利用者の不確かな表現から必要な内容を洞察し，気の遠くなるような資料の樹海から1冊を探し出す。熱意のほかに，探しだす方法と情報と勘の蓄積が不可欠。第2に，図書館の運営，

図書館政策の形成に責任を持つことを，司書の専門性の大事な部分と考える。第3に，「図書館という集団の持つ専門性」という観点を大事にしてほしいと考える。職員間の連携・研修・人間的な信頼で，図書館という組織の専門性を高めてほしいものである。[7]

住民が求める図書館員の一部を紹介したが，「市民」は図書館員に対して資質と情熱を求めているのである。

(3) 図書館員としての心構え（図書館員の資質）

『公共図書館の管理』では次のように述べている。

　図書館の業務は，知的なしかも裁量範囲の広い業務である。レファレンス業務や貸出業務を考えてみても，担当職員の教養度や職務知識の深浅は，サービス効果に決定的な影響を与える。
　職員の資料についての知識が浅いために，せっかく所蔵している図書が役にたたなかったり，あるいは職員の人間性の未熟さのために住民の図書館に対するイメージをわるくすることが往々にしてある。[8]

古典に「大鏡」があるが，ある住民が図書館員に「『大鏡』はどこにあるのか」とたずねたら，その図書館員はトイレを指差して「洗面所にあります」と答えたという話や，アンデルセンの『絵のない絵本』のありかをたずねたら「そんな絵本あるわけないではな

いか」とか,『フォイエルバッハ論』をたずねたら,音楽の棚に案内されたとか,無知からくる笑えない現状もある。

 a．謙虚であること

　図書館の仕事というのは,利用者の求めに応じて資料を探すことである。したがって,図書館員は常に学習をしなければならない。それは,単に本を読んで勉強することだけではない。もちろんそれも大事だが,人から教わり「学ぶ」ということである。先輩から,利用者から教わり学ぶ。または他の図書館の同僚から教えてもらう。常に学ぶ姿勢が大切である。私の体験でも,図書館に入って10年くらい経つと,仕事に自信が出てきて面白くなってくる。そうすると,図書館の仕事なんてこんなものか,という慢心が現れてくる。特に,自分の図書館だけしか知らない,また,知ろうとしない人に多い。そうすると,その人はいつの間にか職員の中で孤立し,利用者からも冷たい目で見られるようになる。

　また,利用者や行政の人に対して専門用語でごまかす,または素人にはわからない,と頭から決めこんでしまう。これはやはり謙虚とはいえず,権威主義である。

　　自分で知っているつもりで,何も知らないことの方が多いものである。とんでもない間違いを正しいと思いこんでいる場合もある。不断の勉学を怠らず,利用者には謙虚でなければ自分が恥をかくだけでなく,図書館の信用を台なしにしてしまう。[9]

b．探求心，好奇心があること

イギリスのウィドネス市立図書館長は，図書館員の資質について「それは知的好奇心とセンス・オブ・オーダー」といったという。"sense of order"には適した日本語はないが，秩序立った，きちんと整っている感覚とでも言おうか。[10]

図書館では常に何かを探す，求める，ということが必要である。現在，どういう本がよく読まれているかなどは，図書館員の「商品知識」として当然といえるが，朝起きて，新聞をみるとき，自然に目が本の広告や書評欄にいくようでなくてはならない。それは，単に本だけでなく，その日の出来事や，作家の死亡記事や，国際ニュースなど，カウンターで利用者から聞かれたときに，「ああ，あれは，あの時の」とすぐわからなくてはならない。また，日常的に百科事典，ことばの辞典，統計や書誌などにも目を通しておくことが大切である。図書館員は何にでも興味を持つということである。

ｃ．仕事に対するセンスとものに感動できる心

広島市サンモール中央書店の店長阿部雅治は次のように言っている。

> 書名や作家の名前を覚えるぐらいの商品知識を身につけるのは，現場に入ってからでも遅くない。しかし，例えば，店から仕掛けていくような品揃えを展開する場合，あるていどのキャリアは必要だが，それより大切なことは，「商売に対するセンス」や「ものを見て感動できるハート」だと……これがあるとないとでは商品の発注ひとつとってみても大きく違ってくるの

だ。[11]

このほか,『中小都市における公共図書館の運営』(「中小レポート」)では,最低必要な資質として以下をあげている。

(1) 本が好きなこと＝資料に精通することができる。
(2) 他人との応対をいとはない＝利用者の要求を把握する。[12]

d. 図書館員としての知識を磨くこと(自己研修)

市民が図書館員に求めているのは「本のプロ」である。系統立てて計画的に読書を行うことが大切である。

図書館のカウンターにいると,利用者からは本についていろいろな質問がよせられてくる。「なんとかの『黒い馬』ありますか」と聞かれ,谷崎賞を受けた埴谷雄高の『闇の中の黒い馬』だと思って,日本の文学の棚に案内すると,セシル・ボトカーの児童書『シーラスと黒い馬』だったりする。「鎖」という字のある書名で,農業問題を扱った本はと聞かれて,「丸元淑生」が描いた『生命の鎖』(飛鳥新社)とか,また,若い女性が「いんげん豆の本」ありますか?とくる。それは,幻冬社のパトリス・ジュリアン著『いんげん豆がおしえてくれたこと』でエッセイの本だったりする。また,「指紋の本ありますか」ときた人によく聞いてみると,「指紋押捺」の本だったりする。新聞に載っているのをそのまま聞いてくる人もいる。「今朝の新聞に載っていたのですけど『社交界』についての本ありますか。」実は『朝日新聞』の読書欄に載っていた,山本夏彦の『「社交界」たいがい』だったりする。

専門的図書館員をめざす場合は,常に自己研修が必要である。こ

れは自分で独りこつこつとやる場合もあるが,専門職の集団に入って,同じ専門職仲間と相互に学びあう,いわゆる「身銭を切って」勉強する意欲が大事である。これは,自分の学習や研究のための図書も図書館の蔵書に頼らず,自ら購入することに通じる。

　e．図書館員は住民自治の立場に立つ公務員であること

　図書館員は住民自治を守るために,行政全般を知るよう努めなければならない。

　私は図書館員だから,図書館の仕事だけしていればいいんだ,といって,図書館業務の庶務的な部分についてはわかろうとしない,知ろうとしない人がいる。しかし,図書館員は図書館の管理・運営面を知らなくてはならない。住民に奉仕するためには,よりよい図書館運営を行うには,教育行政の流れやその地域や自治体の慣行を知る必要があるし,また,それを知らなくては職場の改善などはできない。

　図書館の運営は館長が独りでやるのではなく,職員1人1人が毎日の仕事の中で行う。図書館が市の,町村の発展にどのように役立っているのか,それを考えながら仕事をすることが大切である。

　f．地域をよく知ること

　長い期間一つの図書館にいると,そこに住んでいる人がわかってくる。あのおじいさんは吉川英治が好きだからこれを買っておこう,とか,この間きた女子中学生に秋月こうの「富士見2丁目交響楽団シリーズ」を頼まれたので入れておこうとか,倉橋燿子の『風のように』とか折原みとの『時の輝き』をとっておいてあげよう。というように,市民の関心や地域の出来事に敏感であることが大切とい

える。

　以上のような資質がもとめられるわけであるが，これは長い経験とその間に育てられた知識によるものである。もちろんこのように利用者の要望に応えられるには，それ以前に，学校で習ったことや自分で学んだ基礎知識が，それを助けることは当然のことである。これは図書館だけでなく，どこの職場にでも通じることと思う。

5.1.4　人事異動と司書職制度

　自治体では一般的に，沈滞した職場環境を刷新し，職員の勤労意欲を推進させるために，同一職場5年ないし7年勤務した職員を対象として人事異動が行われる。

　行政事務には，許認可，給付，証明書類の発行，道路橋梁および直営施設の建設維持管理等の事務を中心に，行政委員会事務局（議会，監査委員会，教育委員会等），教育機関以外の公の施設の事務（管理）などがある。これらの業務は法令規則の範囲で極めて厳格に執行されていく。すなわち職員の裁量は例外を除いてまったくといってよいほど認められていない。これは行政事務の性格からいって当然のことである。したがって，同一職場に長くいる必要はなく，むしろ長期にいることは異常とさえ考えられている。

　これに対して，図書館の業務は既に述べたとおり，文化的，教育的内容を持つ。行政による単なる施設の管理とは異なり，住民（利用者）1人1人の知識に直接かかわる仕事であって，多くの資料を駆使して住民（利用者）の質問や資料要求に応えるために，資料の中身を知り，それを理解し積極的に活用していくことが必要である。

そのためには，図書館の仕事を継続的に行い，資料知識やその活用法を体得し，さらに学んでいかなければならない。

したがって，図書館における専門職の人事異動は一般行政職と同一視して行うことは行政効率の上からも無駄であり，行うべきではない。東京都人事委員会は図書館司書の配転について，「専門的知識と司書の資格を積極的かつ有効に活用するよう人事配置上適切な配慮をすることこそ人事当局にのぞまれるところであろう。」[13]と審決で述べている。

特に，保育園，医療，研究機関などの専門的職場では，行政機関のような人事配置はありえない。図書館は研究機関ではないが教育機関としての独立した人事制度が必要である。

この制度を前提として，研修の一環として，2～3年を目途に専門職が一般行政事務を学ぶことは，必ずしも無駄とはいえない。特に，現在の制度の中では将来の館長候補や課長，係長をめざす職員が，一般行政の許認可や徴収事務，財務，予算，庶務などを体験し，自治体行政および業務の中での図書館の位置づけを学ぶことは必要なことである。さらに，自分の図書館を利用者として外から使ってみることも大切である。必ず，いろいろのことを学ぶはずである。

この他，専門大学（図書館系の大学など）や大学院などに2～3年かけて留学し，新しい知識を学ぶ機会を専門研修の一環として位置づけることも必要である。

鶴ヶ島市では，図書館司書を含む社会教育専門的職員は公民館，図書館でおよそ10年勤務したら3年を限度として行政機関に異動し行政事務に従事するという取決めがある。同様なことが東京都S区

と神奈川県H市で行われているという。[14]

　また近年，多くの市町村に図書館が設置されてきた。しかし，概ね1自治体に1館である。これらは開館してしばらくはいいが10年ぐらい経つと職員の異動の問題に直面する。これらを解決する一つの手段として最近あちこちで広がってきた「広域市町村圏」を利用するのも有効である。当面旧郡を単位として，その郡内の自治体間で3～5年単位で異動交流を行うとよいのではないかと思う。

　いずれにしろ，図書館の専門性を維持し，質の高いサービスを行うためには，図書館司書の確保と質の向上は欠かせない。図書館利用が高まってきている今日，それらは最も求められているのではなかろうか。

5.1.5　図書館全体の仕事をみんなで分担する

　朝霞市立図書館では，表1にあるような事業の分担を，みんなで平等に行っている。

　図書館での日常の仕事はこれだけある。朝霞市立図書館では15名の職員で3班体制によって，早番・遅番，土・日，カウンターの勤務，毎日の新聞・雑誌の受入れ，新刊見計らい図書の発注・受入れ・データの入力，閉架書庫の整理・整頓，毎週金曜日のお話会，木曜日の子ども映画会，月1回の大人向け映画会，公民館の分室・県立高校への配本などが各班単位で順番に行われている。

　その他，表1のように個人またはグループ単位で日常業務をこなしている。例えば，資料の購入については，「1．資料別担当」の各班で選定が行われ，館長または館長補佐の承認で発注・入力がこ

表1　朝霞市立図書館職員任務分担表

1. 資料別担当

業　務　名	業務量	担　当　者
a 一　　般	随　時	A　B　C　D
b 児　　童	随　時	E　F　G　H
c 青 少 年	随　時	I　J
d 障 害 者	随　時	M　L　N
e 郷土資料	随　時	J　I　D
f コミック	随　時	G　B　J
g A　　V	随　時	B　E　C

2. 一般業務

業　務　名	業務量	担　当　者
a コンピュータ	随　時	A　B　N
b リクエスト	毎　日	J　E　I　D
c 新聞・雑誌	毎　日	N　H　C
d 督　　促	2ヵ月	C　B
e 新聞記事整理	週　間	A　G　D
f 他図書館資料	月　間	O　E　F
g パンフ整理	随　時	F　O　E
h 電話帖・電話料	月　間	I　K
i 発注受入れ	随　時	一般担当
j 寄贈資料	随　時	B　C　H
k 統　　計	毎　月	B　A
l 利用券管理	毎　日	H　M　D
m 団体貸出し	随　時	E　I　C

n 地域文庫	随　時	F　G
o 集団読書	随　時	各分野で対応(児童・青少年)
p 図書館報	年4回	F　G　L
q 社教だより・広報	毎　月	I
r 図書館カレンダー	毎　月	K
s 掲示・集会室管理	随　時	
t 施設・車両管理	随　時	A　C　K
u 図書館まつり	年1回	E　F
v はがき・切手管理	毎　月	M
w カウンター・ローテーション管理	毎　日	B　N
x 間違い本・落としもの	随　時	G　M

3. 庶務

業　務　名	業務量	担　当　者
a 超勤・予算差引	毎　日	J
b 超勤・出勤簿	毎　月	A
c 旅費計算	毎　月	H
d 文書収受	毎　日	F　L
e 用度・物品購入	随　時	M

4. 渉外

業　務　名	業務量	担　当　者
a 利用者懇談会	年2回	O　L
b 図書担当者会	毎　月	E　B
c 公民館主事会	毎　月	E　B
d 図書館協議会	年4回	O　L　A
e 四市連絡会	随　時	部会担当者

f 読書会運営	毎　月	松の木読書会＝M
		子どもの本を読む会＝H
g 館内研修	随　時	A　E　B
h 親睦会幹事	随　時	I
i 互助会理事	随　時	H
j リクレーション幹事	随　時	E　M
k 実習生受入れ	随　時	E　H　N　B　Iの順で
l 埼公図関係	随　時	G

れらの班で行われる。「2．一般業務」の「i 発注・受入れ」担当は，週1回の発注日にこれら入力された短冊を打ち出して業者に渡す。そして業者が搬入した整理済み資料を受入入力するため，3班体制の班別に区分けする。その際，入力の内容や範囲についての指示を与える。これらの表のほか，スポーツ紙を除くすべての新聞（地方紙，政党紙も含む約40タイトル）の切り抜きを全員で毎日行っている。2の「e 新聞記事整理」は，この切り抜かれた記事を整理しファイルするのである。

係は2つ（庶務と奉仕）に分かれているが，庶務的業務も奉仕的業務も全員で個別に分けて分担している。（表1参照）

5.1.6 仕事の流れについて全体で理解する

(1) ミーティング・担当者会議

ミーティングは単に仕事の打合せや連絡だけでなく，一緒に働くものたちの連帯をはぐくみ，全員が同じ立場にたって業務を遂行するためにある。図書館の業務は一般行政事務と異なり職員個々の裁量で行う仕事が多く，しかもそれは組織的に行われなければならな

い。したがって，全体のながれの中で自分の仕事を検証し，調和を図ること，その中から学び自からの能力をたかめるために，ミーティングは図書館業務には欠かすことができない。

ミーティングには定期的に館全体で行うものと，選書，障害者，リクエスト，児童などの担当別に行うものがある。図書館では時々刻々かわる社会の動きに合わせて出版・発売される図書やCD，ビデオテープなどの資料，また，毎日寄せられる利用者のさまざまな要求への対応など，図書館事業が円滑に運営するために専門的立場からの検討も求められている。

a．定期的なミーティング

毎日の業務の流れはどうなっているのか，一体的・組織的なサービスを行うために，毎朝のミーティングは欠かせない。

ミーティングでは昨日の利用状況，カウンターや館内での出来事，催しものや行事の成果や教訓，出張や教育委員会・議会での内容などの報告が行われる。それについての質問や短い意見が出される。そして，きょうの業務の分担や流れ，行事などの催しもの，見学者や来訪者への準備と接待，出張や会議などにあたる担当者を全員で確認する。また，各担当からの連絡事項，問題事項の討議（時間を要しそうなものは館内整理日の議題とする）がなされる。これらの報告や討議の内容はきちんと記録され，遅番の職員にも徹底される。

鶴ヶ島市では分室が6か所に散らばっているため，全館のミーティングは週に1回（木曜日）朝8時30分から9時30分頃まで行っている。ここでは全体的に徹底させる事項を中心として，それぞれ

の立場からの問題提起や週間のスケジュールなどが伝達される。日常，別の場所で仕事をしている関係からなかなか一堂に会することがないため貴重な会合である。

b．担当者会議

前出の任務担当表（表1）のように図書館ではさまざまな業務がある。このなかで，資料別担当にあたる一般，児童，青少年，障害者，AV，一般業務のコンピュータ，リクエストなどは定期的にひらくものと月に一度，年に一度というのもある。また，県内の図書館同士でひらくものもあり，相互に学習を兼ねたものもある。

これらは，個々の業務を円滑に動かすとともに常にその内容を研究していく，専門的なものである。

5.1.7 職員研修

職員研修には館内研修と館外研修とがあるが，ここでは主に館内での研修について朝霞市立図書館での実例をもとに紹介する。

毎月，土・日・休館日を除く最終日に図書整理日をもつ。この日は午前中は公民館図書室の職員（公民館6館の図書室担当者―各公民館に約1万冊前後の図書室があり専任の職員が運営している―）と図書館員を集めての打合せ会である。ここでは，いろいろな図書館に関する文献や論文の紹介なども行われる。

午後は図書館員だけのミーティングと研修会である。これは，年度はじめに立てられた年間の研修計画に基づいて行われるもので，職員が講師となり，生徒となって行われる。

館外研修には，埼玉県の場合，埼玉県立図書館や県公共図書館協

議会主催の研修会，全国公共図書館協議会（全公図）のブロック研修会，他の図書館での実地研修（3日〜1週間）などがある。特に，他の図書館での実地研修は，自分のところでは経験できないことを体得できて大変効果的である。

　鶴ヶ島市では中央図書館開館にあたり，分室の職員も含めて館長を除く全員（25人）が近隣の大きな図書館で2週間ずつ実地研修にいった。これはその後の図書館運営に大いに役立った。

　大阪・熊取町立図書館館長の小谷恵子は書店で勉強したという。また，熊取町立図書館では昼休みに児童文学古典の勉強会をしたり，書評の勉強，特に買わない本の書評を行っているという。[15]

　上記のとおり，日常の業務を通じて学び，経験を積み重ねて技量を磨くことは大切なことである。さらに，できれば10年ぐらい実務経験をもった中堅職員を，2〜3年かけて図書館情報大学などの専門大学や大学院で専門的に学習させる，または，外国での図書館実習や留学を行えば，日本の図書館はもっと内容が充実するのではないだろうか。かつて，筆者の知り合いの市立図書館員で，アメリカに2年間の留学をするため市に休職を願い出たが受け入れられず，やむなく退職して留学した人がいた。帰国後その市は再採用も考えなかったという。このようなことは，その市にとっても大きな損失である。

5.2　臨時職員・嘱託職員

　日本の公務員制度は年功序列型で，原則として途中採用を認めない形となっている。地方公務員法（地公法）第2条は，地方公務員

を「地方公共団体のすべての公務員」と定義づけている。一般的には経済上の権利として，地方公務員は「地方公共団体との勤務関係においては，勤務を提供することに対する反対給付として」地方公共団体から「給与を受ける関係にある。」[16]と解されている。

　職員の種別は一般職と特別職に分かれており，原則として地方公務員法は一般職に属する職員のみに適用される（地公法第4条第1項）。さらに一般職に属する職員でも，職務と責任の特殊性に基づき特例を必要とするものは別に法律で定めることとしている（地公法第57条）。特別職の中には，臨時職員，非常勤職員，嘱託職員があり（地公法第3条第3項），さらに「緊急の場合，臨時の職に関する場合」は「六月をこえない期間で臨時的任用を行うことができる。」（地公法第22条2項）とした臨時的任用職員がいる。

　臨時職員は臨時的，短期的で軽微な補助的業務に従事し，嘱託職員は一定の職務知識をもち，専門的業務につく職員をいい，雇用期間は1年となっている。これら臨時・非常勤・嘱託職員は，その自治体によって職の呼び名や業務の内容，待遇などに違いがあり一律に論じられないが，大別して非常勤と臨時的任用職員に分けることができる。

　行政改革の中で図書館の職員も削減の対象となり，どこの図書館でも人員のやりくりに苦労している。そのような中で日常業務に嘱託や臨時の職員が多く配置されており，一般職員と同等の業務を行っている。それらには，「一般嘱託」と，定年退職後に非常勤職員として雇用された「再雇用嘱託」があり，「一般嘱託」には準職員的に「図書館協力員」とか「図書館運営補助員」とかの名称もあ

る。

　この他に，図書整理会社やビル管理会社からのいわゆる請負司書などがある。これは九州地区をはじめとして広がっていった。そして清掃事業や装備および整理委託と同一視した方法で行われている。[17]

　近年，一般職として採用された図書館員が3〜5年で異動の対象となり，非常勤・臨時職員の方が司書資格をもち長期に勤務するという，逆転現象ともいえる実態もみられる。臨時・嘱託職員の問題も，職員制度全体の中でとらえられ，考えられるべきであろう。

5.3　図書館の委託

　図書館業務の委託は1960年代中頃，印刷目録カード（ユニット式カード目録）の普及にはじまる。その後，利用の拡大による貸出しの増加と受け入れ資料の増大によって，図書整理・装備が外注に移行し，業務委託が一般的に行われるようになっていった。当初は，印刷カードの標目決定や分類・装備仕様が図書館の実態に応じて（図書館主導）行われていたため，それぞれの図書館の状況に応じた整理・装備が行われ，あわせて独自のレファレンス・ツールなども作成されていた。したがって，この時点では図書館経営の観点からこれらの委託は社会的分業という域にとどまっていた。

5.3.1　「委託」問題の発生

　1970年代にはいると国際経済に危機が到来した。技術革新による産業構造変化の進行。アメリカのベトナム戦争の敗北とニクソン

ショック(金兌換制の廃止)による世界経済・政治の支配体制の崩壊。アメリカに代わりうる世界秩序の支配者不在のなかで,財政政策によるケインズ主義的な解決も許さない混沌たる状況となった。それは,対外的には反ソ反共の軍事同盟を強化し,対内的には「福祉国家」をやめて民間資本の活力による「小さな政府」をめざした。これが,サッチャー,レーガン,中曽根の三政権に代表される新保守主義=新自由主義の潮流であった。

日本ではこの頃,革新自治体に代表される都道府県は住民運動を背景とした「福祉国家」政策が伸張し,環境,福祉,教育など国民の生活各分野で国のこれらの政策を乗り越えていった。

1980年代に入って,1982年中曽根内閣が成立すると,日本にも新保守主義=新自由主義の流れが現れてくる。60・70年代共産党,社会党を中心とした革新勢力による地方政治に対して,自由民主党を中心とする保守勢力は都市政策を重視し,「新しい都市経営の方策」を編みだし,財界と一帯となって,革新自治体が創り上げてきた福祉や環境保全の政策を否定するところから巻き返しをはかった。

それは,思想的には新保守主義,経済的には新自由主義による構造改革路線が規制緩和や公共事業の大幅な民営化を打ち出し,国鉄,電電公社,専売公社の民営化と労働組合の解体を行い,大企業優遇の弱肉強食の政策が行われていった。中小商店の例を見ると,大規模小売店舗法(500㎡以上の大型店舗を商業地域に設置する場合は地元住民,地元市町村の意見を聞きその許諾が義務づけられていた)が平成2(1990)年大規模小売店舗立地法となって届出だけで地元の意見が免除され,また,規模は1000㎡とひろがった。このた

め，1990年代に入って町の小売店はつぶれ，商店街は空洞化してシャッター街となっていった。1987年竹下内閣になると消費税が導入（1989年）され，1980年代に始まった公共事業の委託はさらに強化されていった。

　一方，行政改革はアメリカの圧力もあってさらに強化され，経済の国際化とバブルの崩壊とあいまって経済不況が深刻となり，公共事業の大多数を民間企業に渡す政策がひろがり規制緩和が一層拡大していった。

　民間委託論は地方自治経営学会が1995年に見解（1985年に出したものの焼き直し）を出している。それによると「行政改革を進めるには，まず，第一に，コストの高いシステムからコストの低いシステムへ切り替える，高コストを是正し，それによって財源を生み出すということである。そして具体的には，サービスがほとんど変わらないのであれば，①『コストの高い"公立"（直営）』から『コストの低い"民間"（委託）』へ，②『コストの高い"正規職員"』から『コストの低い"嘱託""パート"』へ，切り替えていくということである。」（坂田期雄『分権と地方行革』時事通信社，1996，p.89）と単純明快に主張している。

　ここで，大事なのは「サービスがほとんど変わらないのであれば」と条件付きで民間委託を推奨していることである。「サービスの質」は効率性優先論に立つか人権擁護論に立つかによって違ってくる。二宮厚美は「効率概念というのは費用と効果のバランスによっているものであって，①期待される行政サービスの効果・成果とはなにか，②行政サービスに要する費用とはなにか，③行政サー

ビスに民間と同様の効率概念を適用するのは妥当か。という三つの有効性が左右される」と述べている。[18] したがって，図書館の委託について考えるときこのサービスの質をどうとらえるかによって決まってくるだろう。

5.3.2 業務委託と管理委託

地方公共団体の一般事務の外部委託については，地方自治法では公の施設の「管理委託」（地方自治法第244条の2第3項）と「事務の委託」（同法第252条の14－16）が規定されている。このうち，同法244条は「指定管理者制度」によって民間事業者に管理運営一切を委託することができるとされている。一方，同法252条は地方自治体が他の地方自治体に事務の一部を委託することを規定している。例えば，災害復旧事業で市町村が工事の設計，監督を県に委託する場合。市と県が多目的ダムの建設工事を施工する際に工事は県に委託し，完成後の共同施設の管理も同県に委託すること。ゴミ処理事務のうち焼却や焼却後の残土の処理を県や他の市町村，一部事務組合に委託することなどが挙げられる。しかし，本条を含めて，その他の一般事務についての事務委託は私法上の契約によっていることが多く公法上明確な規定はない。

5.3.3 業務委託（請負業務委託）

(1) 業務の一部委託

図書館運営における業務の一部委託は，図書館業務の基本的（根幹的）部分を除き，概ね次の業務について行われている。

第 5 章　図書館の人事管理　*143*

　まず，他の施設と同様に，主に施設・設備の維持管理がある。これには，清掃事業，植栽庭園管理，施設警備，空調，エレベーター，コンピュータ，電気設備等の保守管理などである。このほか，業務に直接かかわるものとして，配送連絡車の運行，資料の装備および整理，複写業務，コンピュータによるデータ入力業務等の委託が行われている。

　図書館業務で一番多いのが図書の装備・整理委託である。図書館は購入した資料を整理し，装備を行う。かつてはそのすべてを図書館員自身が自分の図書館で行っていた。しかし，1960～70年代あたりから装備会社による委託整理があらわれ，現在ではマーク（MARC）の普及と合わせて，図書，MARC，装備がセットになって関連業者に依存するようになった。現在では貸出量の増加，人員不補充から，委託装備は図書館にとって必要不可欠なものとなっている。そして，委託整理・装備から図書の選定，分類・目録の作成，MARCデータの修正，ローカル・データの付与など，図書館員の専門分野までが業者の進出を許している。

　ところで，図書館業務の「根幹的部分」というのは，1981年4月に開館した京都市の中央図書館をめぐる業務の財団委託への内容について，当時の文部省の専門員が「根幹的とは，図書館法第3条に該当する業務内容」といったのがはじまりである。京都市では根幹的業務について企画，人事，図書選択，参考業務をあげていた。その後1986年3月6日第104回国会衆議院予算委員会第3分科会で海部文部大臣は図書館業務の委託について「やはり図書館法の規定から見ても公立図書館の基幹的業務については，これは民間の委託に

はなじまないものでしょうし、生涯学習をするという非常に大きな目標があります。」と答弁している。

(2) 窓口業務の民間委託

窓口業務の一部委託は1980年代の終わりから90年代はじめにかけて、九州の太宰府市民図書館、筑紫野市民図書館で民間会社との請負契約による「委託司書」によって行われた。[19]

その後、2000年代に入って東京23区で窓口業務を中心とした請負契約による委託業務が行われるようになり、2002年度には江東、墨田、台東、千代田の4区にはじまり（台東区の浅草橋分室については2001年度から開始）、2003年度は足立、板橋、大田、江東、墨田、台東、千代田、豊島、文京の9区に拡大していった。

委託のメリットとして墨田区では、①人件費の削減、②臨時職員の雇用の抑制、③障害者サービス、児童サービスや基幹的業務の充実、④T社への委託により図書の装備や書誌入力や資料受け入れの効率化が図れる、などの4点を挙げている。江東区でも区職員はレファレンスや障害者サービスなど（「基幹業務」）にあたれる、といっている。「基幹業務の充実」といっているが、一方、区職員が半減して、管理業務が増え「基幹業務」に手がまわらないともいわれている。

a．窓口業務委託の実態

現在、江東区などで働いている委託社員は必ずしも司書ではない。江東区を受託しているT社の木俵康之専務は『とうきょうの自治』(2002.12)「公立図書館における業務委託について」の中で職員の

待遇について「特に司書だからという待遇はせず,非資格者と同様1年更新の契約社員である。」と述べている。また司書資格があっても経験が少ないため,窓口での応対(利用者の質問,書架案内,資料提供など)で混乱することがある。職業安定法,労働者派遣法により図書館側は指示・命令はできない。一緒に仕事をすること自体法律違反になる。また,窓口が受託職員だけの場合,受託業務になっていない業務(多くの自治体でレファレンス等の利用者の質問,問い合わせについては直営業務としているところが多い)については,いちいち職員を呼び出すため応対に時間がかかり,利用者を待たせることになる。

　窓口業務では利用者からどんな要求がでてくるかわからないので,その対応を基幹業務,非基幹業務と機械的に分けることはできない。弁償本の処理,類縁機関への紹介(これは資料を知らないとできない),貸出し停止の判断,館内の危機管理への敏速な対応などもある。また,受託職員が利用者に聞かれて困惑しているのを放っておくこともできないが,声を掛ければ指示・命令となり法律違反となる。

b. 受託会社の社員研修

　江東区の場合,「基礎研修」「直前研修」が行われているが,受講時間はまちまちで,最高20時間(23名),10時間(31名),2時間45分(34名)となっている。板橋区の場合,配置前研修は15時間となっている。

　筆者の経験でも,図書館の基礎的知識があり,実務経験がある職員でも,新たに配属された図書館の資料の配置,蔵書構成を覚え,

利用者の傾向や特徴を摑むのには最低1年はかかる。

c．窓口業務の問題点

東京自治労連弁護団の「公立図書館の窓口業務の民間委託に関する意見書」によると，①企業の経験・実績の乏しさ，②劣悪な労働条件と業者の高収益（T社の場合1人当たりの時間単価1,650円の受託料で，社員には850円の支給），③図書館に期待される役割と住民サービスは維持できない，④利用者の人権保障上の重大な懸念（参考資料「公立図書館の窓口業務の民間委託に関する意見書」）がある。また，職業安定法や労働者派遣法からの偽装請負の疑いも指摘されている。[20]

5.3.4 管理委託

(1) 指定管理者制度

昭和31（1956）年に地方教育行政の組織及び運営に関する法律ができ，その後，地方自治法改正で「公の施設」の概念ができた。そして，昭和38年（1963）年に委託ができるという内容にかわっていった。それは，昭和38（1963）年2月19日自治省通知では「委託できるのは公の施設の管理に」限られるという有権解釈となっていた。その後，1991年の地方自治法第244条の改正は，委託できる施設としてこれまで「公の施設」の委託先を「公共団体または公共的団体」に限定していたが「普通地方公共団体が出資している法人で政令で定めるもの」と委託先を拡大し，自治体出資の公社や財団への管理委託が行われるようになった。そして，平成15（2003）年6月に「指定管理者制度」に改正された。指定管理者制度とは「条例

の定める所により，法人その他の団体であって当該普通地方公共団体が指定するものに，当該施設の管理を行わせる」ことができるようにしたのである。これは「当該普通地方公共団体が指定するもの」と書かれているように，公共的団体であろうと民間であろうと自治体が指定したところならいいということになっている。

総務省の通知によれば，「指定管理者制度は，地方公共団体が指定する法人その他の団体に公の施設の管理を行わせようとする制度であり，その対象は民間事業者等が幅広く含まれる。」（平成15（2003）年7月17日通知）とし，条例で定める内容を次のように示している。

「指定の手続き」としては複数の申請者に事業計画を提出させること。そして，複数の申請者から選定する基準としては，ア．住民の平等利用が確保されること，イ．事業計画書の内容が，施設の効用を最大限に発揮するとともに管理経費の縮減を図るものであること，ウ．事業計画書に沿った管理を安定して行える物的能力，人的能力を持っていること。この他，開館日や休館日などの基本的な条件，管理を通じて得た個人に関する情報の取り扱いの適正など，業務の範囲の基本事項を定め自治体と管理者が協議して決めることなどが示されている。また，地方自治体の長は，条例に基づいて指定管理者に使用許可を行わせるのであるが，使用料の強制徴収，不服申立に対する決定，行政財産の目的外使用許可等法令により自治体の長のみが行うことができる権限については指定管理者に行わせることはできない，としている。

(2) 指定管理者への委託の条件

指定管理者制度ができたからといって，全て委託できるとは限らない。

まず，この法律によれば，「公の施設」の委託（管理運営委託）には，地方自治法第244条の2第3項において，次の三つの条件を具備することが必要とされている。

- ・設置の目的を効果的に達成する必要があると認められること。
- ・条例で定めること。
- ・委託先を法人その他の団体であって当該地方自治体が指定する管理者（指定管理者＝同条の2，3項以下）であること。

ここでいう「効果的に達成」とは，委託することによって，直営の場合よりも一層向上したサービスを住民が享受し，ひいては住民の福祉がさらに増進する場合を指す，と解されており，住民の福祉がさらに増進されることになる場合をいう。したがって，地方公共団体側の便宜のみを図るような管理委託はできないとされている（自治省行政局「地方自治法第244条，第244条の2の解釈，運用」『行政実例』1949.1）。これは，法律改正が1991年，2003年とあっても，その法の主旨は変わらないのである。

「公の施設」とは公共物であり，この使用に当たっては当然公共性が発揮されなくてはならない。公共性とは何かについて，重森暁は講演の中で，「①特定の個人・団体の利益でなく，社会の多数者の生存と発達にどれだけ深くかかわっているか。②人類の文化的遺産を受けつぎ，発展させることにどれだけ貢献するか。③人間と自然の物質的循環を破壊せず，その豊かな継続と発展をいかに保障し

ているか。」さらに，また「効率性」の問題でも，自治体行政においては，「経済的効率から社会的効率（社会的便益と人間発達）」への視点の転換が必要であると主張されていた。[21]

公共性というのをこのように見ていったとき，指定管理者制度は「公の施設」の管理を「民間事業者等」に幅広く行わせようとする制度である。民間事業者は当然，利潤を追及する市場の原理に則っているので，必然的に公共サービスの実施については限界があるといえよう。

それは，民間経営では利潤追求からサービスは公平平等ではなく，経営者の思想などにより特定の方向に向くことがあり平等は保証されないからである。

二宮厚美は「保育・教育・介護といった対人社会サービス労働は非定型的労働であるために，その専門性は実際の現場をふんだ体験・経験が必ず必要とされ，したがって長期雇用が保障されなければなりません。民間委託論者が主張するような，短期アルバイト型雇用によってこの専門性をカバーすることはとうてい困難なわけです。つまり，民間委託が安上がりであることの秘密をなす短期・低賃金労働の活用では，公務労働の専門性を保障することは難しいと考えなければなりません。」と述べ，さらに次のように述べている。[22]

> ここでもっとも重要な点は，この人件費の違いのなかに，民間では長期雇用を前提にした熟練形成，労働の専門性が保障されにくい構造が見えてくるということです。
>
> つまり，公務員では保障される長期の雇用による熟練形成と

か専門性が民間では制度的に保障されない形になっている。保健の仕事，保育の仕事，調理の仕事や栄養士の仕事を果たすうえで，固有のノウハウや知的熟練は必要がないのかといえば，けっしてそんなことはありません。あとでも述べるように現場の仕事，とりわけ人と直接ふれあう仕事はコミュニケーションを媒介にした知的熟練が非常に大事なのです。

　私は民間職場に動く労働者一人ひとりの努力や仕事への熱意をけっして軽視するつもりはありませんが，民間委託推進論者が，民間の安上がり労働でも仕事の質は落ちない，公務員と変わらないというとき，この推進論そのものには公務労働の知的熟練と専門性に対する軽視があると思います。

このことは，上述した東京・江東区の窓口委託を見ても充分なずけるものである。

特に図書館のように，利用者の頭脳に直接係わる専門的業務，思想信条に係わる教育機関の業務こそ行政が行うべきものである。[23]

図書館の管理委託については，1993年に起きた東京都調布市の図書館管理委託問題について，東京都教育委員会は別掲の見解（資料p.253参照）を明らかにした。その結果，調布市は一部の維持管理的業務を除いて「委託」を断念せざるを得なかった。[24]

埼玉・鶴ヶ島市教育委員会は，議会での図書館管理運営委託についての質問に対して，図書館は「教育機関」なので委託にはなじまないと明快に答弁している。（1998年9月議会決算特別委員会）

5.3.5 PFI（Private Finance Initiative）と図書館

PFIは文字どおり「民間資金主導」による事業で，「民間の資金と経営能力および技術能力を活用して公共サービスを実現する手法」で民間と公共サービスが一体となって行われる事業である。

これは1970年代イギリスのサッチャー首相によって「小さな政府」論の中から出てきた新たな行政手法として考えられたもので，制度的には1992年メージャー政権の大蔵大臣ラモントによってその導入が正式に発表された。その後，PFIは高速道路，鉄道，官公庁舎，刑務所，上下水道施設，文化施設などに拡大されていった。

わが国では，1999年7月に「PFI事業推進法（民間資金等の活用による公共施設等の促進に関する法律）」が制定され，折からの行政の財政危機と建設産業の景気低迷の中で公共施設建設の守り札として注目を集めた。

(1) PFIの仕組み

PFIとは民間事業者が，ある事業に対して関連業種がプロジェクトを組み法人格の「特別目的会社（SPC＝Special Purpose Company）」を設立して，その事業の基本計画書を作成し，公共側との間でPFI事業契約書を結ぶもので，PFI事業者（SPC）には法人格および経理上の独立性が求められる。

PFI方式は民間活力を公共部門に導入するいわゆる民活の一つとされているが，同じ民活といってもこれまでの第3セクター方式とは全く違う。その違いを列挙するとつぎの通りである。

①ある事業について官民それぞれが事業計画を作成し，それぞれの立場から「総事業コスト」を算出し事業価値を計る。
②建設から運営までをSPCが長期に（最長30年）わたって行う。
③事業の成果を販売して収入とする。

　地方自治体がある事業（公共サービス）を実施する場合，従来どおり直営でやるか，PFI方式で実施するかを検討し，どちらを採用すれば公的財政負担が軽減されるかどうかを検証する。すなわち公共部門が自ら行う場合と民間事業者が行う場合それぞれについて，当該施設を設計・建設し，長期間維持管理・運営を行うために必要な総事業コストの見込額を算出し，その現在価値（メリット）を比較する。ただしいずれの場合においても同水準の公共サービスが提供されることを前提とする。

　民間事業者は全事業期間（最長30年までの一定期間）を通じて施設の維持管理・運営を効率的に行い，かつ合理的な維持管理・運営に適した施設を設計・建設し，公共部門が自ら実施する場合に比べて総事業コストを縮減できるかを検証する。

　公共部門が自ら行う場合の全事業期間に係る総事業コストを現在価値に直したものを「PSC」（Public Sector Comparator：公共セクター比較値）と呼ぶ。

　一方，PFI方式にした場合の総事業コストを「PFI事業のLCC」（Life Cycle Cost：ライフサイクルコスト）と呼ぶ。

　この「PSC」と「PFI事業のLCC」の比較によってPFI方式が公的財政負担を軽減することができる場合をPFI事業にVFM

(Value For Money：バリュー・フォー・マネー）があるといい（下図参照），また「PSC」と「PFI事業のLCC」が仮に等しい場合，改善されれば軽減される場合もPFI事業にVFMがあるとされる。したがって，PFI事業はこのVFMの量によって事業価値が表される。

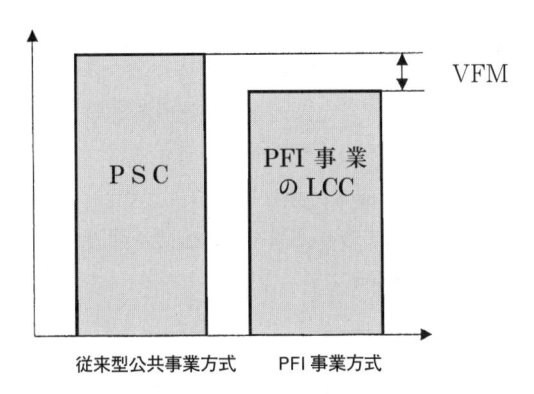

```
        PSC          PFI事業      VFM
                     のLCC
    従来型公共事業方式   PFI事業方式
```

　PFI事業者が事業を行う場合当然利潤を追求しなければならない。多額の費用をかけ長期にわたって事業を行っていく場合その収入，リスク，長期間にわたるため経済環境，社会状況の変化など30年先など想定できない問題などが出現することも考えられる。

　PFI事業者は事業の中に収益部門を設け，非収益事業などのリスクを吸収していく。例えば，有料道路の使用料収入により道路の保守を行っていく。図書館のような非収益事業の場合，併設してスーパーマーケットや飲食施設，有料スポーツ・文化施設によって収益を確保するなどである。また，想定できないリスクについては保険に入るか，あらかじめ，契約段階で公共側がそのリスクを負担する

とか，買い上げるなどの方策を講じることなどがある。

PFIの方式はつぎの通りである。

BOT（Build Operate Transfer）サービス購入型

　民間事業主体が自ら資金調達を行い施設を建設（Build）した後一定期間運営（Operate）して資金回収後に公共側に移管（transfer）する。

BTO（Build Transfer Operate）ジョイントベンチャー型

　民間事業主体が自ら資金調達を行い施設を建設した後，所有権を公共に移転し，その施設を使用運営する。

BOO（Build Own Operate）独立採算型

　民間事業主体が自ら資金調達を行い施設を建設し，自ら保有（Own）し事業を運営する。

(2) PFI事業のメリット，デメリット

メリット

　①行政側の初期投資が軽減され資金がなくても公共施設がつくれる。民間側は一括発注・性能発注（最新の技術や工法を取り入れる）によりコストが削減できる。

　②VFMの追及。Value for Moneyには貨幣的評価（財源問題）を重視した定量的VFMと質の面を重視した定量的VFMとがあり，民間の創意・工夫によって質の良い低廉なサービスが提供できる。

　③長期に渡る大規模な継続事業が容易にでき，運営上のリスクが公共側におきない。

④サービス・管理産業など新たな産業が育成される。

デメリット

①民間業者が行う以上，利益を追求するため事業採算をはかる上でコストの上昇につながる。

②リスク分担の事業案作成当たっては，金融，法律，建築関係，主体事業の専門家の助言が必要になり，莫大なアドバイザー費用，リスクの分担の交渉は長期化する可能性がたかく，時間的費用がコストに跳ね返ってくる。また，保険料などの費用負担が増える。

③地方債などの公的金融手段でなく民間資金のため，市場金利に頼るため事業の信用度によって高金利の資金が使用されるおそれがある。

④公共側は長期の財政負担を強いられるため，財政の硬直化につながる。

⑤プロジェクトの立ち上げに多くの時間と労力がかかり，それが費用に転嫁される。また，契約が破談となった場合や契約変更があったときはVFMが達成されない場合があり，直営よりも割高になる。

(3) PFI図書館建設について

わが国のPFI事業はまだ緒についたばかりでその実例はすくないが，特徴としては英国と異なり財政的費用対効果が中心となり，質的内容的効果は軽視されがちである。三重・桑名市の図書館建設PFI事業をみると定量的審査得点は，①サービス対価（入札価格）

60点，②施設及び維持管理15点，③図書館施設の運営及び生活利便施設15点，④事業の安全性10点，となっている。定量的審査得点というのは事業提案審査にあたって，発注側がその事業の評価にあたってどこに重点を置くかというのを数量的にあらわしたもので，この得点によって事業者が決められていく。仮に③が60点なら内容はもっと変わっていたかも知れないが，PFIが民間事業者を主体としているかぎりこれが限界といえよう。[25-27]

5.4 労働組合・職員団体

5.4.1 労働者の基本的権利

　労働組合とは，労働者が自己の労働条件の維持・改善を図ることを目的として結成する団体である。労働組合は，使用者との間で，労働協約の締結を目的として団体交渉を行ったり，団体交渉を有利に進めるために，争議行為などの団体行動に訴えることができる。

　憲法では，労働者（憲法上の文言では「勤労者」）に対して，このような労働組合を結成する権利，団体交渉や団体行動をしたりする権利を保障している（28条）。これらの権利（団結権，団体交渉権，団体行動権）は，通常，労働3権とか労働基本権などと呼ばれている。このような労働3権が，通常の法律ではなく，憲法という最も高いレベルの法規範により保障されているということは重要なことである。

　このことは，労働者の団結権が他の法律をもって規制できないことをさしており，例えば労働契約や民法上の雇傭契約に反して労働者がストライキなどの怠業行為を行っても債務不履行とはならず労

働者の権利として保護される。

ただし，例外的に，警察職員，海上保安庁または刑務所において勤務する職員，消防職員，自衛隊員の組合結成や組合加入は，その職務の特殊性を考慮して禁止されている（国家公務員法108条の2第5項，地方公務員法52条5項，自衛隊法64条1項）。

また，国家公務員法，地方公務員法適用の一般職公務員についてはストライキ権，団体交渉権は禁じているといわれている。（「公務員労働者」p.161参照）

労働組合を構成している「労働者」について労働組合法第3条は「この法律で「労働者」とは，職業の種類を問わず，賃金，給料その他これに準ずる収入によって生活する者をいう」とあり，労働組合の結成や団体交渉の助成を目的とするので，これにふさわしい者かどうかという観点から「労働者」を定義している。一方，労働基準法は労働者保護の立場から第9条で「この法律で「労働者」とは，職業の種類を問わず，事業又は事務所…に使用されている者で，賃金を支払われている者をいう」とある。すなわち，労働基準法の適用された事業または事務所に使用され賃金を受けているものと使用者からの保護を明記している。

5.4.2 労働組合法と労働組合

前述のように，憲法は労働者に団結権を保障しているため，労働者が団結権を行使して労働組合を結成することについては，法的な制約はない。しかし，労働組合の結成に対して，労働者よりも強い立場にある使用者が労働組合の結成を望まずその結成を妨害したり

圧力をかけてくる可能性がある。このために日本では労働組合法（以下「労組法」）が制定されている。

労働組合について，労組法は，「労働者が使用者との交渉において対等の立場にたつことを促進することにより労働者の地位を向上させること」，「労働者がその労働条件について交渉するために自ら代表者を選出することその他の団体行動を行うために自主的に労働組合を結成し，団結することを擁護すること」，「使用者と労働者との関係を規制する労働協約を締結するための団体交渉をすること及びその手続を助成すること」を目的とするものである（1条1項）と述べている。

労働者は個々に使用者と雇用契約を結ぶ。雇われるためには不利な条件でも承諾しなければならないなど，常に使用者が有利な立場におかれている例が多く労働者の立場は総体的に弱い。その中で，労働者の人間としての尊厳と権利を守り維持させていくためには労働組合は労働者のために必要な組織である。

マルクスは，『労働組合。その過去，現在，未来』の中で，この事情を次のように述べている。

　　資本は集積された社会的な力であるのに，労働者が処理できるのは，自分の労働力だけである。したがって，資本と労働の間の契約は，けっして公正な条件にもとづいて結ばれることはありえない。…労働者のもつ唯一の社会的な力は，その人数である。しかし，人数の力は不団結によって挫かれる。労働者の不団結は，労働者自身のあいだの避けられない競争によって生

み出され，長く維持される。最初，労働組合は，この競争をなくすかすくなくとも制限して，せめてたんなる奴隷よりはましな状態に労働者をひきあげるような契約条件をたたかいとろうという労働者の自然発生的な試みからうまれた。[28]

労働組合について労組法は次のように定義している（2条）。「労働者が主体となって自主的に労働条件の維持改善その他経済的地位の向上を図ることを主たる目的として組織する団体又は連合団体」。しかし，使用者の利益を代表する者の参加を許す団体，使用者から団体の運常について経費援助を受けている団体などの通称「御用組合」，共済事業その他福利事業のみを目的とする団体等は労組法上の「労働組合」の範囲から除外されている（2条但書）。

5.4.3 労働者の権利と義務

労働者が事業所または事務所で働く場合，その働く条件（労働条件）は自分の権利がきちんと守られ，他の労働者との格差・差別がないようにならなければならない。そのために，労働基準法という法律があり，労働条件の格差，雇用契約，解雇・退職，賃金，労働時間・休憩・休日，割増賃金，年次有給休暇，監視・断続労働，女性・年少者の労働時間・休日，出産・生理休業・育児時間など就労にあたっての労働者の権利と義務が規定されている。

この他，育児・介護休業法，男女雇用機会均等法，労働者派遣法等の法律がある。

これら，労働組合の加盟，結成，労働基準法などの労働者の労働

5.4.4 図書館で働く労働者

　図書館法は憲法，教育基本法の精神に則ってつくられた法律であって，その基本理念は民主主義にある。近代公共図書館の理念は17世紀アメリカのベンジャミン・フランクリンから始まり，また，イギリスにおける職工学校から始まったといわれている。日本でも片山潜のキングスレー館（1896年），新潟県木崎村の農民図書館（1926年）など，社会改良運動や農民運動の中で図書館が生まれてくる。読書というのは，いろいろな思想を受入れ保障することで成り立っている。これらの運動はその立場や階級は違っても「学習」することを求めた民衆の「知恵」であり，それは自由と民主主義に裏打ちされたものであった。

　1950年当時の文部大臣は，図書館法案の提案説明の中で「民主国家における社会教育の実施はあくまでも国民の自主的な立場を尊重して行うべきであります」[29]と述べている。

　労働組合はその意味では「民主主義の学校」といわれており，上述の図書館の基本理念を労働組合の中に取り入れたものでなければならない。図書館における労働組合活動のあり方について，森崎震二，戸田あきらは次のように述べている。

　　図書館における労働は「資料を通して利用者にサービスする」という特徴をもっています。公共図書館の場合，利用者と

は地域の住民，労働者であり，図書館労働は地域の人々の学ぶ権利や文化的生活を保証するために存在しているのです。したがって，図書館労働者の運動は，たんに自分たちの労働条件がよくなりさえすればよいというのではすみません。地域への図書館サービスの向上，図書館の発展，そのための地域の人々との連帯も図書館労働の課題とならざるを得ないのです。[30]

労働者は自らの仕事に誇りと生き甲斐をもっているものである。この「誇りと生きがい」を図書館労働者の中で開花させていくために，労働組合は存在しなければならない。したがって，図書館における労働組合活動は，よりよい図書館サービスを行うため職場の民主的運営に努力し，労働環境や労働条件を整備し働きやすい職場づくりをするためにある。それが多くの市民に支持されてこそ，大きな力となり運動となる。それは住民との連帯の中で大きく発展する。現代の日本社会の中では当局（使用者）側との対決もあり，共同行動もあろう。いずれにしろ，そのときどちらが市民の支持を獲得するかで勝負は決まるのである。

5.4.5 公務員労働者

公立図書館で働く職員は，「公務員労働者（自治体労働者）」として自治体当局に雇用されている。

憲法第28条では「勤労者の団結する権利及び団体交渉その他の団体行動をする権利は，これを保障する」と規定されているが，1948（昭和23）年7月，当時の占領軍最高司令官マッカーサーは官公労

働者の権利を制限するよう命じた。政府はそれを受けて政令第201号を発し，官公労働者の団体交渉権，争議権の剥奪など労働基本権の大幅な制限を行った。この結果，1948年11月に国家公務員法が改正され，1950年12月に国家公務員法と同様の制限が加えられた地方公務員法が制定され，現在にいたっている。

したがって，地方公務員法（以下「地公法」）を適用される公立図書館員は，地公法第37条1項の規定にもとづき争議行為（ストライキやサボタージュ）は禁止されており，違反者については同法61条4号で刑事罰をともなう制裁が加えられることになる。

政府はこれら労働組合活動の制限と引き替えに「人事院勧告制度」を導入し，官民の給与格差が5％以上出たときは，人事院が政府に対して給与の是正を勧告する制度を設けた。この制度は，国家公務員法改正の1948年に発足して，今日にいたるまで無視されたり，完全実施が行われないなど，時の政府の一方的な恣意によって運用されてきた。

しかし，日本の法律でこのような適用が行われていても，労働者固有の権利である「人間らしく生きる権利」を奪うことは何人たりともできない。したがって法律は，救済措置のひとつとして，自治体労働者が自らの給与，勤務時間について使用者側の一方的おしつけによって不利にならないよう，その判断を議会にゆだね（条例化）ているのである。

労働者側はこの条例制定を「生存権保護」の観点としてとらえ，条例制定（修正・改廃）に向けて，提案者である当局と審議する議会に対して，自ら要求運動を行っていくことができるとしている。

これに対して，それらの運動や要請行動について，政府や最高裁判所は認めていない。

　民間労働者の場合，労働条件の最低水準を決める労働基準法があるほか，労働組合法，労働関係調整法が存在している。ところが，公務員労働者の場合は「公務員労働関係法」というものはなく，すべて公務員法の中に包含されている（現業労働者の場合は労働協約締結権は認められている）。したがって，公務員は「全体の奉仕者」として，その使用者である国民や住民全体を相手にストライキを含めた団体行動権は認められていない。すなわち，公務員労働者の生存権は国民（住民）の手にゆだねられている。

　これに対して次のような説がある。

　　しかし，事実としてみれば，形式上の使用者である国民あるいは住民と，地方公務員との間には，強大な権力をもつ都道府県知事，市町村長，教育委員会などの機関が介在している。それらの機関は，大幅な裁量権を持ちながら，地方公務員を採用し，指揮命令し，罷免することができる。したがって，労働関係という観点で，事実に即して考えていく限り，地方公務員の使用者は住民でなく，都道府県知事，市町村長あるいは教育委員会などの機関そのものである。そして，それらの機関と地方公務員との間には労働関係が成立している。[31]

このように，憲法で認められた国民の権利である勤労者の権利をめぐって政府側と労働側との意見が対立していることは，そのこと

がそのまま図書館職場にもちこまれることでもある。この点，館長は，図書館員としての労働組合活動のあり方について考えておく必要がある。

公立図書館員（地方公務員）は採用され辞令が交付されるとき，宣誓を行わせられる。この宣誓は地公法第31条にもとづくもので，憲法遵守の精神と上司の命に従うことの二つの柱でできており，上司の命令を憲法に等置している。

憲法99条は公務員が憲法を尊重し，擁護する義務を負わせている。また，職務の遂行にあたっては法令などに従い，行政事務の統一性および一体性を確保し，公務労働としての秩序を維持することは必要なことである。「職務上の命令」（地公法第32条）について，『東京都職員ハンドブック74』は「通常職務命令と呼称され，上司より下部職員に対し発する命令をいうものであって，職務の執行に関連して必要な身分上の義務を含むものであるが，一方職員は，何事についてもただ機械的に盲従するものではなく，十分よく理解，納得することが必要であり，職務に関する意見を述べることは，いささかも禁止されるものではない。」[32] と述べている。また，上司の命令であっても憲法に保障された基本的人権はいささかも侵すことがあってはならず，職員の「思想・内心の自由」は尊重されなければならない。

注
1) 久保輝巳『図書館司書という仕事』ぺりかん社，1986，p.27
2) 塩野七生『ハンニバル戦記―ローマ人の物語』新潮社，1996，p.286

3) 大澤正雄「館長論」『図書館研究三多摩』創刊号，1996，p.16
4)「図書館の受付もっと親切に」宮城県・匿名希望（無職36）『朝日新聞』1998.1.26
5) 札幌の図書館づくりをすすめる会「菊水・山の手図書館建設のための要望書」1978
6) 仙台市にもっと図書館をつくる会「花には太陽を，図書館には司書を！―図書館をもっと身近に暮らしの中に―」1985
7) 木村珪子「司書の専門性として私たちがのぞむこと」『みんなの図書館』1994年1月号
8) 清水正三編『公共図書館の管理』（シリーズ・図書館の仕事　3）日本図書館協会，1971，p.51
9)『市民の図書館』日本図書館協会，1970，p.63
10) 前川恒雄『われらの図書館』筑摩書房，1987，p.150
11) 胡正則，長岡義幸共著『物語のある本屋―特化した棚づくり』アルメディア，1994，p.165
12)『中小都市における公共図書館の運営』日本図書館協会，1963，p.152～153
13)『蔭山さん《荒川図書館》の不当配転闘争資料集　第5集』p.300, 302

司書職の配転について，東京都人事委員会は荒川区の司書配転（不利益処分第3号）事件の採決（1978年10月）について処分者（荒川区）側の処分を適法と認めながらも次のごとく述べている。「まず，図書館法第13条1項は『公立図書館に館長並びに当該図書館を設置する地方公共団体の教育委員会が必要と認める専門的職員，事務職員及び技術職員を置く』と規定しており，右専門的職員のなかに，同法第4条1項の規定にあるように司書が含まれることはあきらかであるので，「公立図書館に司書を置くことは，少なくとも法の要望し，期待するところであること

はこれを認めることができる。」さらに裁量権の逸脱について「たしかに司書制度が採用されていない任用制度下においても，当初，一般事務職として採用され，図書館に勤務している職員がその後勤務継続中において司書の資格を取得した専門的知識と司書の資格を積極的かつ有効に活用するよう人事配置上適切な配慮をすることこそ人事当局にのぞまれるところであろう。」としている。

14) 職員研究会「公共図書館の専門職員制度」『図書館研究三多摩』創刊号，1996，p.66〜76
15) 国立社会教育研修所主催，公立図書館員研修パネルディスカッション (1998.4.24)
16) 今枝信雄『逐条地方公務員法』第三次改訂，学陽書房，1967，p.7
17) 松岡要「図書館の『非正規職員』の問題を考える」『図書館評論』32号，1991，p.84
18) 二宮厚美『自治体の公共性と民間委託』自治体研究社，2000，p.69
19) 坂井暉「九州における公立図書館職員の実態と委託司書制度の法的一考察」『図書館界』Vol.44，No.3，1992.9，p.102
20) 『東京23区委託実態調査報告書』図書館問題研究会東京支部，2003.11.25
21) 1986年1月第十一回自治体全国セミナー（テーマ「民間活力」下の自治体政策）での大阪経済大学の重森暁先生の講演「公共性と『民間活力』論」（シンポジュウム「図書館の委託を考える」＝福田行夫「住民にもとづく図書館運営とは」『図書館の委託 —足立区の図書館委託を考える』教育史料出版会，1987，p.63-64）
22) 二宮厚美『自治体の公共性と民間委託』自治体研究社，2000，p.78〜79
23) 日本図書館協会経営委員会委託問題特別検討チーム編『よりよい図書館経営のために—図書館の業務委託を検討する視点—』日本図書館協会，2003，p.54

24) 調布市教育委員会社会教育部社会教育課編『調布市市民文化プラザ（仮称）における図書館組織のあり方について』（平成6年8月25日）

25) 山口源治郎「図書館の未来をPFIに託せるか」『図書館雑誌』2003.8, p.518

26) 浜野道博「PFIと公共図書館」『情報の科学と技術』51巻7号, 2001.7, p.386

27) 高見茂「教育文化施設整備へのPFIの導入の可能性」『図書館界』Vol.55, No.2, 2003.7, p.74

28) マルクス「労働組合。その過去, 現在, 未来」『マルクス＝エンゲルス全集』第16巻, 大月書店, 1966, p.195

29) 西崎恵『図書館法』日本図書館協会, 1970, p.3

30) 森崎震二, 戸田あきら『図書館活用学―本のある暮らし』新日本出版社, 1982, p.192

31) 中山和久『公務員法と権利闘争』労働旬報社, 1968, p.39

32) 東京都職員研修所編『東京都職員ハンドブック74』帝国地方行政学会, 1974, p.296

第6章 図書館の行財政

6.1 図書館と行政

6.1.1 地方自治制度と住民参加

　地方自治法第1条は法律の目的として「地方自治の本旨に基づいて……地方公共団体における民主的にして能率的な行政の確保を図る」と明言している。地方自治の本旨とは憲法第92条に明記された「地方自治の原則」をさすもので，①住民の権利の拡充，②地方公共団体の自主性・自立性の強化，③地方公共団体の行政の公正の確保（1946年憲法調査会報告書の趣旨）の三原則をいう。

　すなわち，「地方自治の本旨」は国民の基本的人権を保障することを目的とし，①は自治体の運営を地域住民の意志・総意に基づいて行う原則をさし，②は国からの統制や干渉を排除した自治体の独立性をさすものである。そして，地方行政の民主化の原則に補充的役割を果たすものとして，③の行政運営の公正と能率の確保を保つため，監査委員会，選挙管理委員会，教育委員会などの行政委員会が設置された。住民自治を主体とした地方行政を行うためには，地方自治制度は住民参加を発展させるシステムでなければならない。そのためにも地方自治体は国・中央政府から独立した存在であることが望ましい。

近年，地方の時代ということが盛んにいわれ，地方自治を重視する考えが広がったかに見えるが，地方分権推進委員会の提言や国の方向を見ても地方自治が尊重されているとはいいがたい。一説によれば，地方自治体は「地方政府」とも称し，住民に直接的に責任を負うもので，住民の利益を守るためには中央政府と対立することもありうる。地方自治体は，もはや「中央に直結する」存在であってはならず，あくまでも「住民に直結した地方政府でなければならない」といわれている。[1]

現行地方自治制度は，地方自治法をいわば根幹として，多くの法律，命令および地方公共団体の条例，規則をもって構成されている。憲法が自ら定めた議会の設置，長や議員の公選は，間接民主主義の制度である。憲法の趣旨をうけて制定された地方自治法においても，町村総会という例外は除き，基本的には間接民主制を採用しており，直接民主制的手続は補完的なものに過ぎない。しかし，間接民主制は，民主主義の理念からいえば，本来，不十分なものである。新潟県巻町，岐阜県御嵩町，沖縄県名護市，宮崎県小林市，岡山県吉永町などの住民参加の高まりによる住民投票は，本質的には，間接民主制の基本構造を持つ行政制度欠陥への挑戦といえよう。

地方政府が，住民と一体化し，「住民の，住民による，住民のための地方政府」[2] となるためには，住民参加は不可欠である。地方自治制度は，住民参加を発展させるシステムでなければならない。地方自治制度について考える場合，このような視点は不可欠であろう。

6.1.2　地方自治と図書館

　図書館法では第3条に運営の柱となる「図書館奉仕」のあり方を規定しているが，その奉仕の基本として「土地の事情及び一般公衆の希望に沿い，……左の各号に掲げる事項の実施に努めなければならない。」とその内容を9項目列挙している。そして，図書館の設置にあたってはその自治体の判断で条例をつくり（第10条），運営については住民の声を聞くための機関として図書館協議会（第14条～16条）を設け，その利用については無料（第17条）とした。

　人間は生きていくためには衣食住が大切だが，人間が人間らしく生きていくためには文化，とりわけ知識や情報を吸収するための「学習」，人間としての感性をつちかうための情緒や思考，これらが必要不可欠な生存的要素である。公立図書館はまさに，これらの要素を支える機関として存在する。その「学習」とは，学校教育と異なった自由な独自学習であり，その学習こそが住民自らに思考と判断の材料を提供する。自らが得た自由な思考と判断は，自立した「市民」としての識見によって民主主義社会を築いていくことに連なる。

　公立図書館はこのような自立した「市民」（住民）を育てる機関として存在し，自由で民主的な地域社会を形成するために地方自治の発展を地域で支え，それらを援助する役割をもっている。

6.1.3　「教育機関」としての図書館

　「教育機関」としての図書館について，山田正弘は次のように説明している。

教育基本法第7条は図書館，博物館，公民館等を設置し「教育の目的の実現」に努めることとし，さらに社会教育法（社教法）第3条は「すべての国民があらゆる機会，あらゆる場所を利用して，自ら実際生活に則する文化的教養を高め得るような環境を醸成する」ことができるように責任を課している。また，これを受けた図書館法は，公立図書館に関する具体的でさまざまな事項を規定している。

　さらに，社教法第9条は「図書館及び博物館は，社会教育のための機関とする。」とし，地方教育行政の組織及び運営に関する法律（地教行法）第30条（教育機関の設置）はその中で図書館について「教育機関」として位置づけている。

　教育機関について文部省初等中等教育局長の宮城県教育委員会への回答（昭和32年6月11日付）によると「『教育機関』とは，教育，学術および文化（以下『教育』という。）に関する事業または教育に関する専門的・技術的事項の研究もしくは教育関係職員の研修，保健，福利，厚生等の教育と密接な関連のある事業を行うことを主目的とし，専属の物的施設および人的施設を備え，かつ，管理者の管理の下に自らの意志をもって継続的に事業の運営を行う機関である。」と説明している。

　したがって図書館は，教育委員会事務局や社会教育課などの行政部門と明確に区別され，「自らの意志をもって継続的に事業の運営を行う」教育機関として位置づけられている。

　教育機関としての図書館における事務執行権限は，地教行法第26条の「教育委員会は，……その権限に属する事務の一部を教育長に委任し……」とあり，その2項で「教育長は，……その権限に属す

る事務の一部を事務局の職員若しくは……学校その他の教育機関に委任し……」とあり，図書館長に権限の一部を委任し，図書館規則（処務規則）で規定している。

山田正弘は「図書館は施設ではなく機関であり，教育委員会事務局の社会教育課とは独立したものとして存在し」[3]と述べている。

図書館事業がその事務の執行について，教育長から権限を委任されていることは，図書館の業務内容が教育機関として教育内容にかかわることであり，住民（利用者）にとっては「教育の自由」にかかわることを含んでいる。それは図書館が人間の精神や思想に深くかかわるという特質をもっているからであり，それ故に行政からの相対的自立性もつ制度の一つとして組み入れられているのである。つまり，文化の自治や個人の文化的自由の営みに対して行政の介入を防ぐ意味からも「独立」した「存在」として認められているのである。

＊関連法

　＜教育基本法第7条＞＜社会教育法第5条＞

　＜地方教育行政の組織及び運営に関する法律第23，26，30条＞

6.2　図書館の財政

6.2.1　地方財政について

地方財政法第2条第2項は「国は，地方財政の自主的な且つ健全な運営を助長することに努め，いやしくもその自律性をそこない，又は地方公共団体に負担を転嫁するような施策を行ってはならない」と定めている。そして，国に対する地方公共団体の寄付の禁止

(同法第4条の5), 一定の事務については国と地方との利害と責任の度合いに応じてその経費の全部または一部を国が負担すべきこと(同法第10条の1, 10条の2) などの規定により, 国が地方公共団体の財政を圧迫しないようにする一方, 地方公共団体の財政運営が著しく適切でない場合には, 財政的な制裁を国が規定している(同法第26条)。

しかし, 現実の地方財政は自主性・自立性に乏しく, 官官接待にも見られたように, 国に対する地方の従属性はいまだなくならない。地方自治体の固有の財源である地方税は, 全体の約4割にすぎない(平成7年度)。一方, 国を通して地方公共団体に歳入として入るのは, 地方譲与税(消費譲与税, 自動車重量譲与税, 特別とん譲与税, 航空燃料譲与税, 地方道路譲与税, 石油ガス譲与税のうち特別とん税は港湾施設, 航空燃料は空港施設のある自治体に譲与), 地方交付税, 国庫支出金, このほか国の許可が必要な地方債, その他, となっている。

(1) 市町村の歳入・歳出

市町村の歳入には次のものがある。

a.地方税, b.地方交付税, c.国・県支出金, d.地方債, e.収益事業収入, f.その他。

a.地方税は, 市町村民税, 固定資産税, 軽自動車税, たばこ消費税, 電気ガス税, 都市計画税, などである。

b.地方交付税は, 全国を通じて必要とされる最低限度の行政水準を確保するため, 国から交付される交付金であり, その種類には

普通交付税と，特別交付税がある。

　普通交付税は，各市町村ごとに，標準的な水準でその事務を処理するのに必要な経費（基準財政需要額）と，標準的な状態において徴収が見込まれる税収入額の100分の75（基準財政収入額）とを，それぞれ一定の基準にしたがって算定し，基準財政需要額が基準財政収入額を超える市町村に対し，その財源不足額に応じて国から交付される。すなわち，基準財政収入額（1年間に自治体に入った金額）から基準財政需要額（1年間に自治体で必要な金額）を引いた額がマイナスとなった自治体に交付するもので，これをもらう自治体を交付団体，もらわない自治体を不交付団体という。一般的に不交付団体は富裕団体ともいわれている。

　また，特別交付税は，特別の事情（例えば，災害，伝染病の発生）のある市町村に対して交付される。

　c.国庫支出金は，地方公共団体の処理する事務のうち，国の利害に関係あるものについて，その経費に充てることを条件として，国から交付されるものであるが，同じく国から交付されるものであっても，その使途が特定されている点で，地方交付税と異なる。

　国庫支出金と同様の性格をもつもので，県から市町村に対して交付されるものを県支出金という。内容は大別して，国庫負担金，委託費，補助金とに分かれている。そのうち補助金の交付は国の任意により，他は義務的交付である。

　d.地方債は，地方公共団体の1会計年度を超える長期の借入金である。

　e.収益事業収入は，収益性のみを目的としたもので，その使途に

公益性がある競馬，競輪，競艇，宝くじなどがある。

f.その他には，寄附，財産収入などがある。

歳出にあたっても，重要な施策の多くには国からの支出金がついており，これらは自治体の意向が反映されるとはいえ，最終的に支出の対象，金額などを決定するのは国（省）であり，ここでも国の政策意思が地方自治体の行動を左右している。

特に景気が低迷している昨今では，国が景気調整のため減税と公共投資の拡大を行うと地方財政は逼迫する。一つは歳入の減少である。日本の地方税は所得を中心としているため，景気後退により税収が減少する。さらに，国の減税政策は交付税財源の減少をもたらす。公共投資（国土保全開発費）の拡大は地方自治体の公共投資の増大（負担割合は国1：地方3）をまねく。このように，所得減税と公共投資による景気調整策は地方財政を一層圧迫することになる。

(2) 図書館の財政

図書館財政のほとんどは，自治体の独自財源（一般財源）でまかなわれている。一般財源は主に地方税と地方交付税を主体とした自己財源で組み立てられているため，首長の裁量にまかせられている。

国からの財源である補助金および交付金は，国庫支出金として主に特定の経費について交付するいわゆる「ひも付き財源」である。公立図書館に関しては，文部省の図書館または社会教育施設への補助金が具体的に該当する。また，文部省以外の各省庁（行政庁）からの補助金や交付金も，図書館施設設備や学習等教養施設，文化施設などに対して交付されているが，文部省の図書館施設補助はなく

なった。

　補助金には「法律補助」と「予算補助」がある。「法律補助」とは法令に根拠のあるもので、文部省のかつての社会教育施設整備費補助金などがそれにあたる。「予算補助」は特に法令に規定されていないが、行政庁の補助要項に基づいている。補助金の問題点としては、その基準が低いため自治体に超過負担を強いることなどがあるが、国庫補助がつくと起債（借金）が認められること、県からの補助金がつくなどの利点がある。ただ、国庫支出金は国の縦割り行政の弊害を持ち込み、自治体行政の総合性を阻害する役割を持っている。

　補助金の種類は次のとおりである。これらの内容については高浪論文[4]を参照されたい。

　地方税と地方交付税については既に説明したが、地方交付税は財政運営の基準になるので交付、不交付関係なく重要である。この中で地方交付税による基準財政需要額の算定としての単位費用は、図書館においては人件費、図書費、物件費などがあげられるが、これらの単位費用は自治省が毎年作成する。図書館の基準財政需要額は現実の図書館運営にかかわる費用とは大きくかけ離れている。[5]また、地方交付税は自治体が一般財源として使うので、図書館運営経費はこの単位費用に拘束されることはないが、自治体によってはこの費用単価を基準として予算を作成することがあるので、基準財政需要額の図書館部分について現状に見合った額を積算するよう働きかけることは必要である。

　平成12年度の図書館に関する「単位費用算定基礎」は別表（**資料**

p.256参照）のとおりである。

6.2.2 予算の作り方
(1) 歳入予算

予算は科目によって区分されている。歳入にあたっては性質に従って，歳出にあたっては目的に従って款・項に区分する。それをさらに目に区分し，28の節に従って内容が分けられている。この中で議会の審議（議決）対象は款・項のみで，目・節は予算の説明書である歳入歳出予算事項別明細書に掲げることとされている（地方自治法施行令第144条，15，同施行規則14）。

図書館予算の科目は，（款）教育費，（項）社会教育費，（目）図書館費である。かつては図書館費は（項）にあったが，現在では（目）に入っている。

図書館の歳入には使用料及び手数料，寄附金，諸収入などがある。使用料及び手数料は集会室等やコピーの使用料があるが，集会施設については図書館の場合無料がほとんどである。寄附金には，図書や絵画等の購入を前提としたものを含む金品の寄附がある。寄附の種類には，a.その使途を限られないまったく自由な一般寄附と，b.その使途を指定した指定寄附と，c.寄附をする際一定の条件をつけて，その条件が履行されない場合は寄附を解除する負担寄附がある（地方自治法第69条）。a.b.は議会の議決の必要はないが，c.は必ず議会の議決を必要とする。

図書館では主に指定寄附が多いが，指定寄附の場合お金でもらったものは，その寄附金を歳入予算に計上すると同時に，必ず同額を

歳出予算の方にも計上しなければならない。現物の寄附は予算書に掲げる必要はない。ただし，自治体によっては多額にわたるとき（例えば100万円を超えるものについて）は議会の同意が必要との規定があるところもある。

(2) 歳出予算

　歳出予算の節の区分は全国的に統一されており，各自治体で勝手に直したりつくったりできない。また，節の番号は自治省が決めたものを使わなければならない。その理由は，予算統計等全国的に統一してみる必要があるからだそうである（地方自治法施行規則15）。

　予算の編成の方式として，a.積み上げ方式，b.トップ・ダウン方式，c.集中編成方式，d.財源割当て方式，がある。a.は下部の担当から上部に向けて査定，復活要求，復活査定を繰り返しながらトップの決定をみる。b.はトップとそのブレーンが基本方針と内容を決め，その作業を下部にまかせる。c.は財政当局がトップの意見を聞きながら原案をつくり，各課の意見を求める方式，d.は財政当局が予算の枠を各課に割り当てて，枠内で事業設定をする方式である。

　予算作成にあたっては義務的経費が優先される。義務的経費とは「支出を義務づけられていて削減できない経費」をいい，職員の俸給，給料，諸手当，報酬，費用弁償などであって，たとえ暫定予算でも義務的経費は計上しなければならない。

　予算作成上の予算単価は千円が単位で，端数については歳入は切捨て，歳出は切上げとする。

経費区分は義務的経費，消費的経費，投資的経費などを明確にし，財源区分（財源内訳）は歳出予算の事項別明細書にある特定財源の各欄に国庫支出金（国県支出金），地方債，その他，一般財源等の記載を行う。新館建設などで特定財源を使う場合は，その経費を明確にする。

予算書の目の次に，本年度と前年度予算の比較ができるように，欄を並べ，その次に比較増減の欄を置く。また，前年度予算額欄を上下に分け，上を前年度当初予算，下を前年度最終予算額とし，括弧がきにすると便利である。**(資料p.262参照＝歳出予算見積書)**

(3) 予算編成と査定

図書館の予算は人件費，資料費，維持管理費の3つに大別される。このうち3つの経費がほぼ3等分されることが望ましい。最近ではコンピュータ経費や光熱費の増大にともない，施設設備維持管理費が突出し，予算の比率を高めている。事務機であるコンピュータの費用よりも図書費の方が低いという例もある。

例えば，県立クラスでは一番資料費の多い東京都立中央図書館でも，資料費4億4千万円に対してコンピュータにかかわる費用が6億7千万円となっている（1997年度）など，その分資料費を削減しているところが多い。

図書館運営予算の中心は資料費である。資料費は最低，一般会計予算額の0.3～0.4％はほしい。先進的な図書館では資料費が1％あるところもあり，将来日本の公共図書館もそのようでありたい。特に人口10万人以下の市町村にあっては図書館費は1％，図書費は最

低2千万円を超えたい。ちなみに，10万人以上の人口で図書館費が1％を超えている自治体（1997年度予算）は，松原（大阪），立川（東京）の2市である。

　予算書作成にあたっては，財政当局から首長の来年度予算の編成方針が出され，その方針に基づいて予算を作成することになる。予算編成は図書館事業全体を見直す1年に一度のよい機会である。前年の予算作成の繰り返しではなく，立てた予算の執行に無理があったか，適正な運営ができたか，無駄はなかったか，事業の中身に市民の理解が得られたかなど，仕事全体を再点検することから始める。その結果，無駄な肉は削ぎ落とし，より必要度のあるものを増やす。予算を伴わないものも含めて，来年度の事業計画を作成するが，それは執行時期を含めた計画でなければならない。この計画に基づいて予算を編成する。

　編成の方法としては，図書館のように全体で事業を分担している職場では義務的経費や経常経費は「積み上げ方式」を中心とし，新規事業や重点施策等については全体の討議の中から館長が方針を示し行う。図書館運営についても他の事業と同様に一定の金額の総枠があるが，市民や利用者の要求を日常的に把握しそれを反映させることが大切である。特に新規事業や重点施策等の政策的経費は，これらの要求を背景として行うことが肝要である。要求のないところには予算なし，である。

　予算編成にあたっては，その内容や使用目的が合理的で，客観性があり，財政担当者が納得し，理解できるものでなくてはならない。図書館の利用状況を含めた図書館運営の中身を，財政課長や首長が

十分理解できる資料によって説明できなければならない。財政担当者は財政課長に，財政課長は上司や首長にその内容を説明しなければならない。そのときに，図書館の事業について財政当局者が明快に説明できるよう理解してもらうことが重要である。このことは，単に予算編成のときだけでなく日常からの意志の疎通ができているかがあらわれるものであり，ひいては図書館行政を全体に理解してもらうことにも通じる。

　一方，査定にあたって，財政当局との意見の違いから納得を得られない場合もある。その場合は財政当局の了解の上で「市長査定」に持ち込む。事業執行上どうしても必要なものについては，直接館長が市長に説明して，その決を仰ぐ場合もある。ここで大事なのは，担当の頭越しに上へ話をもっていかないことである。どこの自治体（組織）も物事を決めるにあたっての一定のルールがある。それは無視しないことである。

　予算編成は来年度の事業計画作成の一環であり，その内容作成については庶務部門などの一部の者だけにまかせるのでなく，図書館全体で行い，1人1人の職員がその内容を把握し，「自分自身が図書館を運営している」意識をもって参加させることが必要である。予算内容については，査定説明にあたる図書館長や担当者はもちろんのこと，職員全員が図書館全体の運営を含めて熟知することが大切である。

(4) 資料費の算定

　資料費の算定にあたってはいくつかの基礎資料がある。一つは，

例年の購入平均単価である。しかし，これだと年々の物価の変動や年ごとの収書計画に対応できない。算定資料として信頼があるのは出版科学研究所が毎年『出版ニュース』，『出版年鑑』に発表するジャンル別の価格である。AV関係資料については日本図書館協会映像事業部で年2回出している目録『AVライブラリー著作権処理済タイトル一覧表』が参考になる。

1994年の図書館問題研究会全国大会の出版流通分科会で茨城大学図書館（発表当時高松工業高専）の大森輝久は「選書評価の試み」として，『BOOK LIST 1991年版』（人文会・歴史書懇話会編・刊）から，10〜20万人口都市の公共図書館および中規模大学を対象と考え，その規模で揃えるべき内容の内100点をリストにした。これらの内容を購入するには年間図書費2千万円，受入冊数1万冊が必要であることが報告され，図書費の最低ガイドラインが示された。[6]

近年，規制緩和下で各自治体とも予算削減のなかで大幅に資料費が減っているところも出てきている。厳しい予算状況だが住民や議会の理解を得て首長や財務担当者を説得する努力が求められる。図書館の必要性と資料費の有用性を自治体幹部に理解してもらうことが大切である。問題は図書館をはじめそれら関係者が説得力のある運営を日常的に行っているかにかかっている。[7]

6.3 条例・規則

条例・規則は図書館運営の規範であり，「あくまでも住民によりよい図書館奉仕を行うためのルール」[8]であり，「市民に対してどのような図書館を作り，どのようなサービスをするかを，市が市民

に約束するもの」[9] であり，「市民の図書館利用についての権利を最大限に現実化することが条例・規則の制定者に課せられた課題」である。[10] 一方，住民運動団体でも，例えば，「仙台市にもっと図書館をつくる会」は図書館政策をつくる勉強会の中から条例案を作成した。(資料p.267参照)

条例は国の法律に準ずる性質を与えられている。地方自治法によれば，「地方公共団体は，法令に違反しない限りに置いて，第2条第2項の事務（地方公共団体が自主的に処理することができる事務）に関し，条例を制定することができる」とされている（地方自治法第14条1項」)。

条例は「自治体が住民に対して，図書館サービスを行うという約束であり，設置条例の内容によって図書館サービスの形態と水準と質を公的に定め，住民が自ら学ぶ権利を認める基本法令なのである。」[11] したがって，図書館法の理念に基づいた目的や，図書館は施設ではなく機関（組織）であることを明確にし，図書館が利用者のプライバシーを保護することなどについても明らかにし，館長をはじめとする職員の専門的資格を掲げるなど，その図書館運営の方向を明確に示すことが大切である。

条例は議会で定めるが，規則（運営の内容をさらに細かく規定した，規程，訓令，要綱などがある）は教育委員会が定めることになっている。そのことについて，山口源治郎・広井ひよりは図書館法第10条に「公立図書館の設置に関する事項は，当該図書館を設置する地方公共団体の条例で定められなければならない。」とあり，「『設置』のみが条例事項であり『管理』はそこから除かれている。

これは公立図書館が，教育委員会の所管に属する『教育機関』にあることに由来している」と説明し，教育行政の独自性と自律性確保について教育基本法第10条と地方自治法第180条の5および8をひいて，一般行政（首長）から独立した執行権を有する行政委員会としての「教育委員会」の権限であると述べている。

教育委員会の職務権限については，地方教育行政の組織及び運営に関する法律（地教行法）第23条で具体的な内容を列挙しており，30条で規定している「教育機関」（図書館等）は教育委員会行政からの独自性をあらわし，33条では「教育機関の管理運営の基本事項について，必要な教育委員会規則を定めるものとする」と規定している。

したがって，山口・広井は「図書館などの教育機関の設置は条例によるが，その管理に関しては教育の独自性と自律性に鑑み教育委員会の制定する規則によることとなっている」[12]とし，さらに「『教育機関』は一般行政と教育行政に対し二重の意味でその自律性が保障されている」[13]と述べている。

6.3.1 条例について

図書館の設置目的について，「図書館法第10条に基づき」という規定が多くみうけられるが，これは図書館法第10条をみればわかるとおり，「当該図書館を設置する地方公共団体の条例で定めなければならない」となっており，「条例で定め」るとしているのであって，これが設置目的にはならないのである。これは，『中小都市における公共図書館の運営』（「中小レポート」）の条例「準則」に

倣ったのではないかと思う。

このことについて浪江虔は，図書館法第10条は「一読して明らかなように，図書館を設置し運営するには，条例がいるということであって，図書館設置のよりどころではない。」とし，設置の根拠として「それはまず地方自治法第２条第３項，教育基本法第７条，社会教育法第３条などであり，図書館法では第２条である」[14]と述べている。

条例について，図書館法では設置（第10条）と図書館協議会（14条〜16条）に関して制定することが規定されている。このため，設置のみ，または設置と図書館協議会の条例のみという「木ではなをくくった」内容ではなく，「図書館の新しいサービスが条例によってはっきり示される」[15]ものでなくてはならない。「図書館設置の目的や理念を条例で示すことは，自治体の図書館に対する基本姿勢を示す意味で重要なことがらである。」[16]

これらのことから，条例ではまず目的，理念を明記し，そののち運営の基本的姿勢を明確にする。図書館法を根拠としてあげているところが多いが，世界人権宣言やユネスコの図書館憲章などを模範としてもよい。

目的は，図書館法第１条または第２条第１項の内容を掲げた方がわかりやすい。また，市の教育目的に合わせてうたいあげているところもある。「自由で公平な資料の提供」「市民の自己教育と文化活動に資するため」「市民の……要求に応えるため」などがある。

館長の司書資格については，同法第13条３項をあげているところがあるが，これは文部省の補助金交付の条件であり，行政改革にと

もなう「規制緩和」により廃止となった。図書館法を根拠とするならば，職員も含めて第4条の「資格」に頼ればよいが，むしろ自治体の独自的立場から法的根拠にこだわらず，「司書資格」者を置くことを明記した方がよい。

また，図書館の自由との関係から「利用者の秘密を守る」とか，地域の文庫・読書活動を援助発展させるために「文庫読書活動への協力」とか，資料選定の権限を明確にするために「資料は館長が選ぶ」などの条項を入れることも大切である。「資料は館長が選ぶ」ということは図書館の運営の自立性を示すものである。かつては，しばしば資料選定に，図書館のことを知らない人々による選定委員会がかかわったり，図書館が選んだ資料に対して教育長など上司がそれを制限したり，干渉することがあった。図書館における資料は，あらゆる思想や学説に対してそれを許容し，思想信条および学問の自由を保障するものである。市長の政治信条に反するものであっても，その図書館はそれらの資料を置かなければならない。したがって，資料選定の権限は図書館長の基本的な任務といえる。

6.3.2 規則，要綱，規程について

前述のように，条例は議会，行政機関（首長）が定めるのに対して，管理規則は一般行政からの「教育の独自性と自律性」に基づいて教育委員会が定める。木田宏は，管理規則の「管理」について，「物的管理のみをいうのでなく，人的管理及び運営管理を包摂する」[17]と説明している。

図書館の「規則」には図書館運営の細部，住民（利用者）の権利

義務等について定めた管理規則または運営規則,図書館の事務分掌,庶務,館長の権限や委任事項を定めた処務規則,図書館協議会運営規則,資料管理規則などがある。

「中小レポート」は,規則をつくる場合の注意として次の事項をあげている。

> (イ)法令や市の条例,他の規則と矛盾しないこと。(ロ)図書館の機能を実現しやすいものであること。(ハ)利用者の権利と義務を明確にすること。(ニ)図書館員の専門性を尊重すること。(ホ)明確でわかりやすいこと。[18]

規則は図書館の利用を制限するものではなく,市民全体が利用できるための約束ごとである。『市民の図書館』では「規則はあくまで,図書館の機能を最高度に発揮するためのものであって,従来の館則にしばしば見られる『入館者心得』式の取締規則であってはならない。」[19]とあり,「運営規則は,図書館サービスを受ける住民の権利,サービスを受ける場合の守るべき義務,図書館が住民に対して行なうサービスの内容を規定するものである」[20]と述べている。さらに,『公共図書館の管理』では「資料入手についての市民の権利を保障する立場によって制定されなければならない」[21]と市民の権利を重視している。

規程は一定の目的のために定められた一連の条項の総体を,一団の定めとして呼ぶときに使われる。主に,組織に関して使われるが,土地区画整理事業や市街地開発事業施行に際して,事業施行上の準

則としての「施行規程」として用いられることもある。例として，専決規程，公印規程，職員服務規程，職員の勤務時間に関する規程，○○事務取扱規程などがある。[22]

　要綱は行政機関内部の規律で，これ自体は規則とは異なり住民の権利義務に関する定めとしての性質はもたない。例として，審議会運営要綱，補助金交付要綱，老人ホーム入所判定委員会設置要綱など，行政執行に関して基本をなす大切な事柄を定めたものである。図書館では「○○図書館資料収集要綱」などがある。また，要綱は訓令の一種として行政指導に使われたり，告示などの形で住民に公表されることが多い。規則や規程と同様に自治体の令規集に載せ住民に公表する。[23]

6.3.3　要項，基準，内規，マニュアル

　日常的な運営に関しての準則として，要項，内規，基準，マニュアルなどがある。

　要項は運営に際しての内部的規範で，住民に対して法的拘束力はもたない（例，入学試験要項，など）。

　基準はある事柄を判断するための尺度となるもので，図書館の利用に際して判断を必要とする事項についてあらかじめ定めて公にしておくものである。集会室利用基準，レファレンス回答事務処理基準，除架（書庫入れ）基準，資料廃棄基準や資料登録，分類基準などがあげられる。

　内規は組織内の運営についての内部のきまりで，要項，基準よりも軽微なものである。

マニュアルは仕事をすすめていく上での手順や申合せ事項を統一して行うためのきまりをまとめたもので，個々の仕事についてつくられる。例としてはカウンターマニュアル，接遇，督促業務，装備・整理，貸出事故対応などの各マニュアルがある。

なお，要項，内規，基準，マニュアル等は業務の進展や時代の変化によって内容が付いていけなくなる場合があるため，一定年数（3〜5年）を目処に変えていくことが必要である。

これら，法規類の改変については業務改善の討議を職員全体で行うことによって，日常業務に参加している現場職員の意見を反映させるようにしなければならない。

6.4 文書事務

6.4.1 文書とは

文書の概念としては「文書とは，文字又はこれに代わるべき符号を用いて，永続すべき状態において，ある物体の上に記載したる意志表示をいう。」（明治43年大審院判例）がある。これによれば図画は文書から除かれることになる。文書の機能としてはa.広範囲に，かつ時間を越えて思想を伝達する（伝達性），b.文書による理解は，受ける者の主観に左右されることが少なく，客観性を有する（客観性），c.あることがらの記録が長期にわたって保存できる（保存性），d.他の表現手段に比して内容に確実性があり，事実に則して証拠力が高い（確実性），e.文書によっては，書く人の心理や感性の奥行きと陰影を描くことができる，があげられる。

6.4.2 公文書と私文書

公文書とは，官公庁または公務員がその職務上作成する文書をいい，私文書とは，公文書以外の文書をいう。

図書館では利用者の質問や意見に対する館長からの返事，催しものの案内，館としての講演者や視察先への礼状，協議会委員や図書館関係団体，ボランティアなどへの礼状や見舞状，また，年賀状なども，公文書にあげられる。

官公庁と私人の間に締結された契約の証書のように，1つの文書が，公文書と私文書との双方の性質をもつものもある。図書館では寄贈者からの寄贈資料の扱いなどを明記した寄贈依頼書，寄託資料に関する文書などが該当する。

6.4.3 地方自治体の意志決定と文書主義

地方自治体が意志決定するのは権限をもつ2つの機関である。すなわち議会および執行機関が行う。

1つは，議会および執行機関がそれぞれの権限の範囲で一定の手続を経て決定した事項は，地方自治体としての決定となる。例えば，条例は，議会において可決されることにより成立する。また，議会の議決を必要としない案件について市長が決定すればそれは市としての意志決定となる。

もう1つは，機関あるいは職としての意志決定がある。例えば，市長が条例案を議会に提案することを決定するのは，執行機関としての決定であるが，市という団体の意志決定ではない。また，市の企画部長が各部長を集めて市の長期計画策定の会議の開催を決定す

るとすれば，それは企画部長の職としての意志決定である。意志決定の方法としてはa.リン（稟）義方式，b.決定方式，c.会議方式がある。

このように議会や執行機関，職による意志決定は文書によって伝達，保存が行われる。これを文書主義という。[24] 文書の取り扱いについてはそれぞれの自治体で文書規定があり，それに従うことになる。

図書館での行政上の許認可事務は，利用登録受付事務，集会室等施設の使用に対する許可ぐらいで，他の行政機関とは異なり権力事務ではない。したがって，文書の種類の主なものは，契約，依頼，照会，通知，回答，報告，諮問の文書である。この他に令規文，議案文，公布文，表彰文，証明文などがある。

文書の保管については文書の性質によって保存年限が決められており，それによって保存する。保存廃棄については別に述べる。

6.4.4 文書の保存と廃棄

(1) 図書館における文書の種類

図書館には庶務的事務用文書の他に，貸出登録申込書，施設の使用申込書などの事業用文書がある。文書の種類は何百種類とありその全ては記せないが，日常的な主なものを列挙してみる。

1. 申請・申込書（1年保存）
    貸出登録申込書
    施設の使用申込書
    予約・リクエスト申込書

寄贈（寄託）資料申込書
協力貸出申込書
相互貸借申込台帳
所蔵調査依頼票（控）（各館様式）
図書館間図書資料相互貸借記録票
資料複写申込（申請）書
国立国会図書館資料貸出申込書
国立国会図書館レファレンス申込書
国立国会図書館資料複写申込書（郵送用）
図書館実習生の受入れ書
2. 出張・研修・見学等の復命，報告書，記録類（1年〜3年保存，内容によって所蔵資料とするものもあり）
出張命令復命書（見学）
研修報告書
視察来訪者記録
職員会議記録
図書館協議会諮問・答申
コンピュータ関係報告書
3. 督促関係
督促者一覧
督促資料一覧
4. 文庫，利用者・サークル等関係文書
図書館友の会（ライブラリー・フレンズ）等の総会記録
文庫連絡会総会記録

市民懇談会，利用者懇談会記録

投書綴

要望書

(2) 文書の保存

文書の保存については，自治体によって異なるが，保存年限の区分は永久（無期あるいは長期），10年，5年，3年，1年，と5区分に分けられており，保存年限の起算点は，当該文書が完結した年度の翌年度の初日とするのが一般的であるといわれる。[25] 図書館では予算案や，統計やアンケート調査の原票，行事の記録などはできるだけ保存したい。予算案では，一般的な節に載らない個々の事業や物品の記載など予算書に載らないものも含めて，後々貴重な資料となる。統計などの原票は後で遡って調べるときの重要な資料となる。

また，開設準備などの館長や担当者のメモやノートをはじめさまざまな文書は有効な資料となる。

文書の保存方法としては簿冊に綴じる方法とファイリングで保存する方法がある。いずれも，一長一短がある。近年，自治体で情報公開が広く行われるようになってきたため，ファイリング形式が多くなってきている。

(3) 文書の廃棄

文書の廃棄とは，保管・保存年限が経過して不要になったと認められるものをいう。一般的には不用品として売却または秘密保持上

裁断，焼却の処分を行う。特に，予約・リクエストの申込書や督促関係，登録申込書などプライバシーにかかわる内容のものは注意が肝要である。

　廃棄された文書を図書館の資料として保存する場合もある。これらの官庁資料は後年は貴重な郷土行政資料となる。

注

1),2) 東京都職員研修所編『職員ハンドブック　74』帝国地方行政学会, 1974, p.112
3) 山田正弘「図書館はなぜ教育委員会所属なのかという議論について」『図書館評論』16号, 1976, p.84
4) 高浪郁子「図書館をつくるときに使える補助金」『図書館評論』29号, 1988, p.23
5) 島弘「図書館の基準財政需要額における諸問題について」『図書館評論』18号, 1977, p.21
6) 大森輝久「選書評価の試み－百点調査リスト」『みんなの図書館』1994年10月号, p.52〜53
7) 大澤正雄「予算を獲得するために」『図書館雑誌』1998年6月号, p.459
8) 『中小都市における公共図書館の運営』日本図書館協会, 1963, p.182
9) 『市民の図書館』日本図書館協会, 1970, p.122
10) 清水正三編『公共図書館の管理』(シリーズ・図書館の仕事　8)日本図書館協会, 1971, p.148
11) 前掲『公共図書館の管理』p.150
12) 山口源治郎・広井ひより「図書館条例・規則の研究（1）－多摩地域27市の図書館条例を中心に－」『図書館研究三多摩』第2号, 1997, p.48

13) 前掲『図書館研究三多摩』第2号，p.50
14) 浪江虔『図書館運動五十年−私立図書館に拠って−』日本図書館協会，1981, p.268
15) 前掲『市民の図書館』p.122
16) 前掲『図書館研究三多摩』第2号，p.51
17) 木田宏『新訂逐条解釈地方教育行政の組織及び運営に関する法律』第一法規，1977, p.140, 前掲『図書館研究三多摩』第2号，p.48
18) 前掲『中小都市における公共図書館の運営』p.183
19) 前掲『市民の図書館』p.126
20) 前掲『市民の図書館』p.127
21) 前掲『公共図書館の管理』p.148
22),23)『法令用語辞典　第七次改定版』学陽書房
24) 前掲『職員ハンドブック　74』p.343
25)『自治体文書事務ハンドブック』1994, p.57

第7章　施設管理と運営

7.1　運営問題と施設管理

7.1.1　開館日と開館時間

　開館日と開館時間は,その図書館がおかれている地域によって異なってくる。住宅地と商業地域や繁華街,田園農村地帯等によって差がある。同一の自治体においても,設置されている場所によって違いが生じる。原則は,その図書館がおかれている地域の人々の生活時間にあった形が一番よい。

　開館日や開館時間は利用者にとっては多ければ多いほど,長ければ長いほどよい。しかし,人件費や施設の維持費が利用を大きく上回ったりして,市民の税金を浪費するようでは効率的運営とはいえない。また,図書館だけにしわ寄せするのではなく,全庁的な問題として自治体全体で取り組む（例えば市役所窓口や保育園の開設日や時間の延長とあわせるとか,運営の人員を他部課からの応援など）ことも考えなければならない。

7.1.2　利用者とのトラブル

　図書館の利用に際して窓口やカウンターで言葉の行き違いや勘違いなどにより,利用者と職員との間でトラブルが起こることがある。

よくある例は，返却したと思っていた資料がまだ戻っていないと図書館員に言われて起るトラブルである。コンピュータが導入されてから，そのようなケースは割合と多い。図書館側が機械を過信したり，利用者の思い違いなどが原因で起こる。職員の言動によるもの，扱いが公平でない，職員によって扱いが違う場合など，図書館側のサービスの不徹底さからくるものもある。

　また，人によっては無闇にいばり散らしたり，議員や市長などの名を嵩にきて威嚇したりする人もいる。図書館というより役所全般に対しての不満から文句をいう人もいる。

　これらカウンターでのトラブルや，いばり散らしたり，威嚇したりする人に対しては，こちらに落ち度がある場合は速やかにあやまる。それでも納得してもらえない場合は館長など上司が応接室に招じいれ，ソファーか椅子に座ってもらいお茶を出し，相手の不満がどこにあるか，落ち着いてゆっくり話を聞く。その時大事なのはこちらは徹底して聞き役にまわり言い訳はせず，あいづちを打つ程度で，相手が話し終わるまで黙って聞く。相手がすべて話し終わったらその事実やこちらの立場やルールなどを噛んでふくめるように誠実に説明する。そして，最後は笑顔で別れるようにする。すぐ怒ったり，大声をあげたりする人は得てして正直でまじめな人が多い。これを機会にこのような人と仲良くなり，図書館のよき理解者になってもらうように心がける。

　職員は，トラブルが起きたときはカウンター周辺では応対しないで，すぐ，上司にひきつぐ。特に，土日など利用の多い混雑するときに限ってトラブルが起るのでこの両日には必ず館長かそれに準ず

る職の責任者が在館することが必要である。

7.1.3 館内騒音と BGM

　図書館というのは静かなところという常識が世間では通例のようである。たしかに，資料を調べレポートや論文を書いたり，資料に書かれている内容を理解しようと努力しているとき，または思索にふけっているときなどは静謐を必要とするものである。

　一方，貸出コーナーなどで，多くの人々が本を選んだり，ちょっと座って本の中身を確かめたり，また，読書などを楽しんでいるとき，心地よい音楽が流れてくると一層心が浮き立ち，ほかの本にも手が伸びるということもある。館内の音楽というのは，あるときは邪魔だが，あるときは魅力のあるものである。

　最近，BGM を流す図書館が割合と増えてきた。明るい気軽な雰囲気を出すためであろう。しかし，一般の商店とは違うのであるから，ある程度音量は押さえ気味で，それも静かさを必要とする場所には流さない配慮は必要である。

　いわゆる騒音もある。特に，子どものかん高い叫び声や走り回ったりしながらの歓声などが迷惑の対象としてあげられる。最近は，親が注意しないで一緒になって大声を出していることも見かける。利用者自身が目に余って注意したりすることがあるが，たいがい，カウンターにやってきて注意を促したりする。

　筆者が以前に勤務していた図書館で，主婦からの投書があり，「ここの図書館は子どもが大きい声を出してもしからないので安心

して利用できる。いつも静かにさせるように気を付けているが幼児はわからないのでどこへ行っても肩身の狭い思いをしてきたが、ここの図書館は幼児をつれてこられる図書館なのでよかった」という内容であった。このような母親の気持ちも大切にしたいものである。

騒ぐ子どもに対しては、職員はやさしく注意する。それでも聞かないときは、ここでは大きな声で走り回らないよう親に注意する。みんなの場所なのだということをよく理解してもらう。

図書館からの連絡で館内放送を行うことがよくある。おもに利用者の呼出しが多い。急用ができたので家へ帰るようにとか、迷子の案内、不法駐車の呼出しなどいまの図書館はかなりの騒音であふれている。

放送のゾーンを限定して行うなどの工夫も大切である。

千葉治は、公共図書館の「基本は『気軽に語りあえる場に』を据えながら他に『静かな場』もあっていいのではないかというのが、地域のなかの図書館の姿ではなかろうか。」[1]と述べている。

7.1.4 学習席と学習室問題

最近の図書館の学習席は、昔と違って受験浪人だけでなく、30・40歳代のお父さんたちがよく勉強にくる。図書館のつくりも変わり、資料とは切り離して大きな閲覧室をおくというところは少なくなってきた。むしろ、本の中に机があるという形が増えてきている。

公立図書館は従来から学習席問題が大きな悩みの種であった。かつて、1960年代は図書館の数も蔵書も少なく中身も貧弱で、その上館外貸出しを積極的に行わなかったため、図書館利用はもっぱら図

書館の中で資料を読むことに限られていた。一方,受験生は図書館の本などには見向きもせず,自分が持ってきた参考書をたよりに勉強する席借りが中心だった。本当に資料が必要な人は座席がないため利用ができず,そのため資料の利用は少なく,利用がないため資料費も増えず,職員は座席の管理に追われているだけなので資料知識を要求されることもなく,その結果,人員もあまり必要とせず,役所からも忘れられ,公立図書館は長い間市民から遠ざかった存在であった。

近年,貸出しが図書館活動の中心となってきてから,活発に利用されるようになってきたが,まだこの問題は完全に解決したとはいえない。これは,現在の受験戦争が続く限り解決されない問題で,図書館だけで対応するところに大きな無理がある。

しかし,図書館は持ち込んだ資料や図書館の資料を使って調べたり勉強したりするところであるから,学習机をまったくなくすことはできないし,そのようなことはすべきではない。誰でもが限られた座席を仲良く使うことが大切であり,図書館はそのような管理を日常的に行わなければならない。そして,受験勉強の場だけでないことを繰り返し,市民や議会に訴え続けることである。

図書館の学習席は資料と一緒に置くか,資料に近いところに配置するようにし,図書館資料の利用を優先して使わせることが必要である。

7.1.5 集会室の利用

近年,図書館には集会施設が整備されるようになってきた。従来

の資料だけの図書館から、住民が憩い集えるコミュニティーセンターとしての機能が備わってきて、資料媒体の多様化により映像・音楽資料が図書館に置かれるようになり、利用の様子が変わってきたといえる。図書館がさらに地域に根ざした運営を行い、住民の学習・組織活動を側面から援助していくためにも、集会室の提供は欠かせない。

集会室は有料という図書館も一部出てきているが、住民の集会活動を活発化させるためには、その利用は無料でなければならない。また、集会内容に干渉して貸さないということが、しばしば聞かれるが、図書館運営を妨害したり破壊するものでない限りできるだけ自由に開放することが望ましい。図書館の理念からいえば当然のことであろう。

7.1.6 喫煙と喫茶コーナー

近年、喫煙がきびしくなって分煙がすすんできた。図書館も全館禁煙というところがでてきて、タバコを吸わない人にとっては快適な環境を満喫できることになったが、愛煙家は肩身の狭い思いをする時代になった。しかし、ある図書館では、全館禁煙にしたところトイレや鉢植に吸い殻が残っていたということである。喫煙家にとってはニコチンの禁断症状は我慢できないものであって、どこででも吸ってしまうことになる。図書館内の禁煙はあたりまえだが、別に喫煙する場所を設け、そこでの喫煙を励行させるようにした方がよい。

飲物や食べ物の持込みもある。これもところ構わず行われたら大

変困る。図書館の資料を汚すこともあり，一定の場所があった方がよい。最近のような滞在型の図書館には，この種の設備はどうしても必要である。できれば，喫茶コーナーなどでコーヒーをすすりながら本を読みたいという人がいるかもしれない。朝霞市立図書館では年配のご婦人たちが思い思いのお弁当をつくってきて，楽しそうに談笑しながらお互いの料理を食べあっていることがしばしばあった。また，配送の運転手がホカホカ弁当をもってきて，図書館でお昼を食べている光景が見られた。この人たちも図書館の大事なお客さんである。

　近年，自動販売機がどこに行ってもある。飲み終わった容器がところ構わず捨てられているのをよく見かける。図書館にも自動販売機が進出してきており，埼玉・鶴ヶ島市立中央図書館にも置いて，収益金は「母子福祉協議会」に入ることになっている。昔と違って機械の性能がよくなったので金銭のトラブルは少なくなったが，空き缶入れのあたりが汚れるなど図書館側の管理は容易ではない。内容もジュースや清涼飲料水，缶コーヒーなど甘味の多いものなので，甘さを求めてゴキブリなどが徘徊する。子どもたちに砂糖の入った甘味飲料など健康にもよくないだろう。『シュガー・ブルース（砂糖病）』（ウイリアム・ダフティ著，日貿出版社刊）では砂糖は一種の麻薬だといっている。北欧やスイスの街角では自動販売機はひとつも見かけなかった。できれば図書館には置きたくないものである。

7.1.7　忘れ物・落しもの

　図書館での落しもの忘れものは，昔と比べて非常に多くなった。

帽子や傘，コートやジャンパーなどの衣類，文具類，ノートや参考書，鞄，腕時計などがある。名前がわかっている人には連絡をするが，最近では大多数の人は取りにこないといわれている。これらの数は多くは一定期間陳列して，1年間おいて処理する。本来は2〜3日おいて警察に届けるが，近年，その量が多く（必ずしも図書館ではなくいろいろな事業所からのものもある），現金や貴重品だけにして欲しいといわれるので，この場合その他は図書館で処分する。一応，所轄の警察署に相談してみるとよい。ある図書館では，図書館まつりなどのとき忘れもの1年間分を展示したら，持ち主が数多くあらわれたという。傘をにわか雨などのときに貸し傘として使用しているところもある。

　本人が特定できるものはコンピュータのメモ欄に入れておいて，貸出しの際に伝えて持っていってもらうこともできよう。

7.1.8 持込みノートパソコンについて

　近年，ノートパソコンの持込みによる図書館利用が増えてきている。今でも図書館によっては他の利用者の迷惑になるという理由で，館内での使用を禁止しているところもある。

　しかし，今やこれらの機器は筆記用具と同様に考えられ使われている。また，図書館によってはインターネット，フロッピーディスクやCD-ROMが利用できるところが一般化してきている。

　したがって，専用の部屋やコーナーには電源用コンセントやモジュラーコンセントなどを設けて使用できることが必要であろう。

7.1.9 図書館の危機安全管理

　図書館も従来と較べて利用が多くなってきて，様々な人が利用するようになった。これ自体は大変喜ばしいことであるが，それに応じてさまざまな問題が起こるようになった。また，地震，火事，水害などの災害も図書館運営に大きな障害をあたえる。図書館経営の中でこれらの状況に機敏に対処することが今日必要になってきた。さらに，図書館側の態勢についても利用者のプライバシーや身体を守る安全管理が求められる。

　危機・安全管理の基本は「図書館や図書館員が"できること"と"できないこと"，"していいこと"と"してはいけないこと"をわきまえる」ことと，日本図書館協会の「危機・安全管理特別検討チーム」が作成したマニュアルで述べられているとおり，図書館側の基本的な態度が重要である。そのために図書館ではこれらの事例に対する対応マニュアルをつくることが大事である。

　しかし，「マニュアル」作成および，実施にあたっては，利用者や職員の人権擁護に配慮し，いやしくも人権を侵害するようなことはあってはならない。

　以下，上記「マニュアル」の目次から問題事例を拾い出してみた。

1. 図書館の中―カウンターの周り
　　独り言・奇声・大声・徘徊／飲酒・泥酔者／物を投げる・ぶつける／凶器を持って入館／書庫内に入り込む
　　収集方針から外れた資料の寄贈
　　子どもが助けを求めてきたとき

限度を超えた問題のある利用行為
　　ストーカー・つきまとい
　　嫌がらせ
　　資料の汚破損
　　他人になりすました利用者登録
　　サービスへの不満
　　複写サービスをめぐるトラブル
2.　図書館の中で—閲覧室・書架の間・トイレ
　　自動ドア・エレベーターなどにはさまれる事故やトラブル
　　子どもの事故
　　急病・ケガ・意識不明・急死
　　痴呆によるトラブル（徘徊など）
　　利用者の持ち物の盗難・置き引き
　　図書館備品の盗難
　　遺失物
　　迷子・子どもの放置
　　子どもの置き去り
　　他の利用者の迷惑になる行為
　　居眠り状態を続ける，いびきなど
　　害虫・昆虫の侵入
　　動物の侵入
　　資料の無断持ち出し
　　不審物の放置
　　異臭・悪臭の強い利用者
　　喧嘩

座席トラブル

インターネットの利用

痴漢行為を発見，通報を受けた

図書館施設の汚損

　割れ窓理論

盗難（トイレットペーパー／石鹼）

喫煙

3. 事務室の中で

盗難

セクシャル・ハラスメント（セクハラ）

職員の問題行為

4. データを守る・個人情報を守る

データ管理1―個人情報の流出を防ぐ

　情報漏洩等のクライシス（危機）が発生した場合のクライシスコミュニケーションのヒント

データ管理2―システムに対する外部からの侵入を防ぐ

データ管理3―システムダウンに対する対策

警察の捜査

本人以外からの個人情報の問い合わせ

5. 図書館の周りで

水道・トイレの水漏れ，水道管破裂・ガス漏れ

家庭ごみなどの図書館及び周辺への投棄

持ち出しを目的とした窃盗（無断持出・虚偽登録）による資料の流出・売却

動物の放置・遺棄

　　放置物

　　車の事故（敷地内での交通事故）

　　移動図書館車の事故

6. 自然の力・大事故

　　感染症

　　火災

　　自然災害1—寒波・熱波・雪害

　　自然災害2—台風・大雨・浸水・土砂災害・落雷

　　自然災害3—地震・津波・液状化現象

　　自然災害4—火山噴火・溶岩噴出・火山ガス噴出・火砕流・火
　　　山泥流など

　　放射能汚染

　　戦争

7.2　案内・PR

7.2.1　館報・利用案内

　図書館の案内・PRはその内容によってその図書館の市民に対する姿勢や態度がよく表れる。特に館報のほとんどは「官報」という感じのものが多い。だいたい多いのは4ページ建てで，1面は館長の挨拶や館からの伝達事項，2面が郷土史料の解説（1面にくることもある），3・4面は本の紹介サービスや行事の案内，いわゆる「お知らせ版」である。それは，だいたい図書館からの一方通行で利用者である市民の声が載っていない。編集も職員だけで，それも

第 7 章　施設管理と運営　209

　　＜朝霞市立図書館の館報＞　　　　　　＜『筏川』＞

忙しい仕事の合間をぬってつくるのだからどうしても雑にならざるを得ない。

　埼玉・朝霞市立図書館では，館報の編集者を市の広報で公募して，10代の高校生から50代の会社員までの人たちと友の会の女性たちが編集に参加している。年に4回の発行だが，企画から取材，ワープロ打ちまでみんなで協力して行っている。内容も「細かいところまで読者の目がいくようにつくられていて，市民の中に図書館が根づいていることがよく理解できる。」[2]

　滋賀・八日市市では，住民と図書館が共同で企画編集する街づくり情報誌『筏川』を発行している。この『筏川』は館報を乗り越

て住民の文化活動の発表の場を提供し,地域や文化・環境問題等さまざまな課題に取り組んだ行事などを掲載しており,地域文化の創造に図書館がかかわっていることを深く表している。館報は市民にとって親しみやすい,身近な存在でなければならない。したがって,それはその図書館運営の反映でもある。

　手作りの館報として,東京・墨田区立八広図書館の『図書館新聞びっと』がある。サブタイトルには「地域と利用者と図書館と」とあり,最初から高校生の編集長が図書館職員と一緒になってつくってきた。同図書館の10周年記念誌『出会い』で初代編集長は「無事発行に至までには大変な思いもありましたが,制約なく自分の好きな事を書いたものやカットなどが新聞に完成したときは,嬉しさでいっぱいでした」と語っている。最初から編集にたずさわってきた職員は『びっと』50号で,図書館新聞をつくってきたことについて,「こうした経験のなかで『地域』と一言でいいきれないたくさんの人と出会い,街の息づかいのようなものに触れることができた」[3]と住民とつくる喜びを語っている。

　利用案内は図書館のサービスを紹介するもので,「べからず集」であってはならない。資料を利用するための方法,予約・リクエストや読書・資料案内,レファレンスなどの方法や案内が親切丁寧に記されていなければならない。案内全体に図書館を利用することは住民の権利行使であること,図書館は全ての人にひらかれたものであることが伝わるものであることが大事である。

7.2.2 ポスター・掲示物などの案内

　案内や掲示物は掲示場所をあらかじめきめておいて，そこに貼り出したり案内したりする。よく柱や壁のいたるところに「静かに！」とか「騒がないでください」など禁止や注意掲示が多い図書館がある。案内も他の機関から来たものもふくめて，期限が過ぎてもいつまでも張り出しているところもある。

　掲示物も図書館の資料の一つである。それは一般資料と違い書棚に保存したり貸出しはしないがいつでも市民の目に触れる伝達資料であり，それは図書館の心を表してもいる。

　また，利用案内や図書館の印刷物にマスコット・マークやロゴが入れられるようになった。利用案内やしおり，カレンダーなどは垢抜けした，家に飾っておきたいようなデザインもでてきた。筆者が練馬区立大泉図書館を開館させるとき，当時「大泉に地域図書館をつくる会」の会長だった「こぐまちゃんシリーズ」でおなじみの絵本作家わかやま・けんが開館おしらせ用にデザインしたカンガルーのポスターとチラシが大評判だった。

　浦安市立図書館ではプロのデザイナーによる図書館の案内・チラシをはじめ，封筒などの印刷物のデザインを統一して使用している。

7.2.3 投書への回答

　投書を自由に受けられるよう投書箱を用意しておく。投書にはできるだけ回答を書くようにする。投書者の住所氏名がわかっているときはその人あてに出すが，住所のわからないものや，無記名の投書に対する回答は掲示する。記名のあるものでも本人のプライバ

シーに配慮しながらできるだけ掲示する。

　回答は図書館の意志表示であると同時に，利用者とのコミュニケーションでもある。特に，投書をしてくれる人は図書館を大事なものとしての心遣いから出てくるものなので，大切にしたい。投書の中身は必ずしも図書館の方針や現状に合うものだけではないが，その図書館の運営や方針について理解してもらうよい機会でもある。

　建設的な提言は，館報などに載せてひろく紹介するとよい。

　騒音に関するもの，資料に関するもの，施設設備に関するもの，職員の応対に関するもの等，投書の範囲は広い。朝霞市立図書館では，館内の BGM をめぐっての投書があり，それを張り出したところいろいろな意見が寄せられ，掲示板上で3か月くらい論争が続いた。また，学習席の利用のことでは，持込み資料による座席の占有についての論議もあった。鶴ヶ島市立図書館でも投書の掲示を行っているが，掲示をするようになってカウンターへの苦情や運営に関する質問が減った。

　このように，投書は広く利用者に見てもらうことで，図書館側の考えを知ってもらうことにもなり，利用者に自分たちの図書館を考えてもらうことができ，図書館にとってはよい PR ともなる。

7.2.4　市長部局や他の行政に対する PR

　図書館以外の行政の各部課に，図書館の業務内容を知ってもらうことは大切である。それは業務を通じて行うことが一番効果的である。

　鶴ヶ島市立図書館では，図書館まつりのとき農産係と農業委員会

にお願いして野菜の廉売会を開いた。また，市内の県立農業大学の学生や先生が園芸相談を行ってくれた。自治振興課主催の女性講座に図書館が会場となって，そこで使用する資料などについて資料の相談を受けたり提供をした。

ある市では市の総合計画の立案について全国の状況についての統計資料や関連の著作物などを提供して役立ったという。この外，障害者サービスを市の福祉関係課と一緒に行ったり，毎朝，朝刊の関連記事をファクシミリで広報に送りそこから庁内全部課に送られて重宝がられているという。

東京・日野市の市政図書室では，行政や議会の資料要求に応えているという。

このように，一番効果的なのは個々の仕事を通じて図書館の役割を知ってもらうことである。

館長は教育委員会の定例会や部課長会，校長会などを利用して図書館の現状について短くても現状や特徴を紹介することを励行するように努めるとよい。また，職員組合や互助会，同期会や野球の試合などの対抗スポーツ競技など職を超えた横断的な会合や催しなどには，職員をできるだけ参加させて図書館以外の職場との交流を奨励する。仕事を離れて人間同士のつきあいも大切にしたい。

7.2.5 電話や外来者への応対

外部からかかってくる電話の応対に気をつけたことがあるだろうか。他の図書館に電話するとだいたいは「図書館です！」という受け応えが最初に聞こえる。もちろん，市民からかかってくるのだか

らそれでもいいのだが，やはり「○○市立○○図書館です！」くらいは言ってほしい。また，受ける態度も明るく快活に話すように努めてほしい。電話は特に顔が見えないだけ声の印象が相手に対する図書館の印象になってしまう。役所の新任研修では電話の受け方について学ぶが，その後のフォローがないのと，先輩，特に管理職の電話の受け方があまりよくないと，それに染まってしまうことにもなる。民間の会社に電話すればお客様を大事にしているということがすぐわかる。

　図書館に見学や視察で外来のお客が来訪することがある。カウンターや事務室など顔を会わせたら，かるく会釈するくらいの態度はもちたい。よく，見学にいっても知らん顔をしているところを見かけると，そこの図書館は職員がどうなっているのか心配になってくる。図書館の評価がそんなことで問われるのはばかばかしいと思う。

注
1) ちばおさむ，伊藤紀子，松島茂共著『図書館の集会・文化活動』（図書館員選書　9）日本図書館協会，1993，p.14
2) 西田清子『図書館をPRする』（図書館員選書　13）日本図書館協会，1997，p.107
3) 前掲『図書館の集会・文化活動』p.67

第 8 章　図書館を支える力

8.1　図書館協議会

8.1.1　図書館協議会の性格

　図書館法第14条〜16条に定める図書館協議会は，図書館の運営について地域住民の声を図書館運営に反映させ住民参加を重視することを期待してつくられたもので，義務設置ではないが図書館法の性格をよく表した条項といえる。

　図書館法審議の際に提案者であった当時の文部省社会教育局長はその性格を「住民の具体的な図書館に対する要望なり意見なりを，図書館奉仕を実施する責任者とも言うべき館長に対して反映せしめるために置かれ」たのであり，「住民の世論を尊重して館の運営なり活動なりをやってゆこうとするものである。」[1]と述べている。

　また，協議会設置については「図書館協議会に関する事項は，その大部分が条例事項とされているのも，地方の自主性によってこれを設置運営させようとする趣旨である。」[2]として，その運営の地域性を重視している。

　文部省はその法的性格について東京都教育委員会への回答の中で，「図書館協議会は，地方自治法第138条の4第3項に規定する付属機関である」（昭和40年9月6日付）としている。地方自治法第138条

の4第3項には,「普通地方公共団体は, 法律又は条例の定めるところにより, 執行機関の付属機関として……調停, 審査, 諮問又は調査のための機関を置くことができる……」とある。

このことについて, 山田正弘は「図書館長が独自で持っている諮問機関が, 同時に自治体の執行機関の一つである教育委員会の付属機関でもあることを, このように公に認められたことは, 図書館協議会の意見や答申が, たんに図書館長に対するばかりでなく, 教育委員会へも直接伝えられるべきものである」とし, さらに「図書館（長）が, 独自の関心に従って求めたところの答申を, そのままのありさまで教育委員会へもちこむことを可能とするような形は, かえって, 図書館協議会が教育委員会の直接的な諮問機関である場合よりも, 図書館にとって, いっそう有利であるとさえいえます」[3] と述べている。

8.1.2 協議会委員の任務

図書館協議会は図書館法第14条2項に「図書館の運営に関し館長の諮問に応ずるとともに, 図書館の行う図書館奉仕につき, 館長に対して意見を述べる機関とする」とある。この「館長の諮問に応」じ,「館長に対して意見を述べる」ということは, 単に館長の諮問に対して応えるという範囲にとどまらず, 図書館運営のあり方について積極的に側面から援助するために, 主体的に図書館運営について考え行動することが求められる。

積極的に関与するためには, 必要な資料の提供や意見を館長はじめ職員, さらに一般利用者や住民からも求め, それらを基として運

営の内容や方向を協議会で論議することが大切である。さらに、図書館長だけでなく、その意見を必要に応じて教育委員会や市長、議会に対しても直接反映させるよう努力するべきである。東京・三鷹市立図書館元協議会委員の清水達郎は「図書館協議会が住民の知恵とエネルギーを結集して図書館の成熟に寄与する必要性の強まるなかで、諮問機関プラス提言機関としての機能をさらにたかめていくべきだと思う」[4]と積極的な関与を求めている。

協議会委員は、図書館運営に対する住民の代表として選ばれた人々である。少なくとも、ただ、報酬をもらうだけの名誉職であってはならない。また、図書館長はじめ教育行政のリーダーたちも協議会委員をそのように遇してはならない。

8.1.3 協議会委員の構成

図書館協議会の優劣は、その構成メンバーにつきるといえる。メンバーの最大要件は、図書館をよく利用しているということである。よく、まちの名士ということで図書館を利用したこともない人を委員にしているところがあるが、これなどは最悪である。たしかに、有力者が委員の中にいれば、予算や人事などで教育長や市長に対して心強いかもしれないが、役所の機構・組織というものは1人2人の有力者の言で動くものではないし、また、そうあってはならない。そのような組織では困るのである。

図書館は民主主義を土台として発展していく有機体である。したがって、協議会委員の選出には、図書館と地域をよく知り、発展させていけるような人を選ぶことが大切である。図書館法第15条では

その構成について述べている。

図書館法第15条
　図書館協議会の委員は，学校教育及び社会教育の関係者並びに学識経験のある者の中から，教育委員会が任命する。

　今後，委員の公募にあたり，協議会運営の意見を作文などで披瀝してもらい，それによって選考する方法などが考えられよう。

　市民の声を反映させる協議会委員というのは，住民の個人，組織や団体などの仲間に支えられ，図書館に対する意見を幅広く持つことができる人材が必要である。図書館長はこれらのことを考えて委員の構成をまとめていくことが大切である。

　また，委員会の審議内容は資料を含めてできるだけ公開するように心がけるべきである。「審議の公開」について塩見昇は，「必ずしも会議をすべて公開し傍聴を認めるといった形式のみを取り上げるのではなく，協議会等で審議された内容を，自治体の広報や図書館報などの手段を使って，努めて住民に知らせることを想定している。」[5]と述べている。

8.2　議会運営

8.2.1　議会とのつきあい方

　図書館長として赴任してまず覚えなければならないのは，議員の名前と顔である。小学校の先生が児童の顔を短期間に覚えるのと同じである。議員は「顔と名前」を売るのが商売である。市役所の廊

下や街で出会ったとき，知らなかったではすまされない。同一自治体に長くいる人は問題ないが，新任で他の自治体や大学からきた館長は第一に心すべきである。

　議員とのつきあい方については，個人的につきあう人もいるが，議会は各政党会派に分かれており，特定の議員と親密になることは，他の議員を敵にまわすことにもなりかねない。市長や教育長の政治的立場などを考慮して，誤解をまねくようなことがないよう十分注意することは大切である。しかし，議員と個人的に話をするなということではない。むしろ，各議員と大いに話をし，議員の人となりや考え方を知ることも大切である。また，選挙の際の公報や候補者自身が配布したビラやチラシなどは，その議員の政治主張や政策を知る上で貴重な資料であり，郷土行政資料としても重視すべきものである。さらに，市内を回るときなど，各議員の後援会の看板や演説会のポスターなどによってその議員の地盤がわかり，のちのちの陳情や請願のとき，地元議員がわかるようになる。地域を車や自転車で回るときには注意しておくことも必要といえよう。

　議会で質問や資料請求がくる場合がある。資料請求は議会事務局を通すか，議員個人が直接図書館に出向いて求めてくる場合もある。この場合，自治体によって異なるが，資料はすべて議会事務局を通じてというところもある。議員の資料請求は議員の特権である調査活動なので，できるだけ応えなければならないが，他の議員とのバランスも配慮して対処することが重要である。特に，図書館に直接出向いてくる場合は，図書館のことを十分説明するよい機会でもある。

8.2.2 議会での質問・答弁

(1) 質問について

質問については，必ず議会事務局から教育委員会を通じて通知がある。この場合は答弁書を作成するわけであるが，その際質問者の真意を知る必要がある。質問の中身が抽象的でよくわからない面がある場合はなおさらである。これらの場合，直接，質問した議員に尋ねるのが一番よいが，議員によっては直接教えてくれない場合もある。このとき，世話になるのが議会事務局の職員である。日常的に議員と接しているので，その議員の考え方や，現在取り扱っている問題，政治的方向など理解している場合が多い。また，議員によってもそれぞれの専門分野があり，また，会派内で割り振っているところもある。その中でも図書館専門という議員がいるようになればしめたものである。

議会質問に対しては，教育委員会全体で答弁を調整する場合もある。質問は図書館についてだが，学校図書館との関連や社会教育，生涯学習の方針など，他の課の政策とすりあわせも必要になる。また，教育長や市長の市政方針にかかる部分は，それぞれの担当課や教育長と相談しなくてはならない。

議会質問で一番困るのは「予算は足りているか」「人員はどうか」などの質問である。質問する議員は図書館を少しでもよくしたいという善意から，館長を擁護し，激励してくれているのだが，市長，教育長を前にして議場で「そのとおり，少なくて困っています」などとはいえない。腹ではありがたいと思っていても，口では逆な答弁をしなければならない。その点の真意を伝えることも大切である。

(2) 答弁への心構えとその方法

　議員に対する答弁は市民に対する答弁であり，議会に対する発言は市民全体に対する発言と同じ重みをもっている。

　議会の質問・答弁を通じて行政側の基本的な姿勢や考え方が明らかになる。それだけに答弁は大切である。答弁では，相手に対してわかりやすくその仕組みや内容について説明する。しかし，簡潔に要領よく，冗漫にならないよう気をつけなければならない。余計な言葉が混乱の原因になったりする。うっかりした答弁をすると，それが将来の行政課題にかかって将来の重荷になる。また，ある事業について今後計画化するのか，あるいは予算化するのか，それとも断念するのか，またすでに計画化もしくは予算化されている事項についてはどう進めていくのか，これらの考え方が議会の審議を通じて明らかにされていく。答弁に際しては，こちらの真意を的確に相手に伝えていくために，また，誤解を与えないためにも言葉は慎重に選んでほしい。

　議員は「〇〇をぜひ実現してもらいたい」と行政側の積極性を求める質問を行おうとする。行政側はできれば積極的に取り組みたい。しかし，議会から積極的な対応を求められても，すべてに応じていくわけにはいかない。

　議会で質問された事項について取り組むことはすでに決定した。しかし，その実施については優先順位があり，議会で請願が通ってもすぐに事業を行うとは限らない。そのことをストレートに言えば，相手の議員の名誉を傷つけるのでそのとおりには言えない。やんわりとした言葉で，そんなに早くはできませんよ，と言いたい。

「早く」という言葉にも,次のようにこれだけの意味合いがある。「今年度中の早い時期に」,「来年度中を目途に」,「ただちに」,「速やかに」,「可及的速やかに」,「できるだけ早期に」,「遅滞なく」,「早く」。この言い方で事業の執行についての優先度が示されるのである。

「これをやったらどうか」との質問には(よいことであるが順位はかなり低い。将来にわたって実施できないものでもある),「そんなことはできない」とはいえない。相手の顔をたてて,しかも約束はしたくない。その場合は「研究したい」,「検討したい」,「課題としたい」となるが,さらに,「十分検討したい」,「積極的に検討したい」,などと一言加えると,少し前向きになる。「貴重な提案としてうけとめる」,「ご趣旨を活かしてまいりたい」等は,ほとんど実現性のない場合に使われる。

議員の中には「先の議会で私の質問に対して検討すると言ったが,あれはどうなったか」という質問もある。そういうことも予想して,答弁をしなくてはならない。質問の内容について一定の期待感を与えた場合は,その結果をきちんと伝えなければならない。

(3) 本会議および常任委員会での答弁

議会は全体で審議する場としての本会議と個々の問題について具体的な審議を行う委員会審議とに分かれる。本会議は開会,閉会,議席の割当て,委員会の種類と出席委員の構成,首長の施政方針,総括質問,一般質問,委員会審議案件の指定,およびその審議結果の報告を受けての採決などを行う。

委員会は総務，建設，厚生，文教などの常任の委員会と予算や決算など集中して審議するための特別委員会，問題別の臨時委員会などがある。

本会議での一般質問はあらかじめ質問内容が通告されるので準備ができるが，委員会ではその場の出たとこ勝負なので，あらかじめ想定問答を考えておくとよい。

また，随行する職員は館長がすぐ答えられるように資料をあらかじめ用意し，議員の質問をよく聞いていて質問が終わったらただちにメモを渡せるようにしてほしい。明日は自分が館長の立場に立つことになるかもしれないのである。

(4) 質問・答弁の記録

本会議での審議内容は議事録が公刊されるが，委員会の記録はほとんど公開されないことが多い（委員会記録は本会議報告のためにつくるので本会議での報告が終わると記録もなくすところが多い）。

質問に対する答弁記録では，特に委員会での審議内容で直接関係ある部分については記録をとっておくこと。答弁している当人は記録はとれないので，係長・主査または事務職員に記録させる。

審議の記録は質問の内容を種類別に分け，どのような答弁を過去に行ったかがすぐにわかるように記録を整備しておく。索引などで引きやすくしておくとよい。

例えば，「1．種類：奉仕，2．内容：学習席の利用，3．年月日：平成10年12月15日，4．会議：文教常任委員会，5．質問者：A議員，6．所属政党会派：○○党，7．答弁者：図書館長，8．

答弁記録（内容）」[6]などである。

特に図書館の場合は事業との関係での質問が多いので，a.開館時間の延長，b.資料の紛失，除籍，c.学習席，d.資料の内容構成など内容別に区分して，記しておく方がよい。

また，図書館長は図書館法，地方自治法，教育関連法，「図書館の自由宣言」，「倫理綱領」，ユネスコの公共図書館宣言などの法律，規定，宣言などは普段から用意して，議会の答弁で自然と口に出し，これらの意味するところを利用することも大切である。

○議会質問の例
昭和61年第2回定例会朝霞市議会本会議（昭和61年6月）本会議議事録から抜粋した。

◇○　○　○　君
○議長（△△▽▽君）　7番目は○議員でございます。質問を許します。登壇して御質問ください。
〔30番　○　○○君登壇〕
○30番（○　○○君）質問に入らせていただきます。
「図書館の開設準備についてということで初めに質問するわけでございますが」
ア．「今回はワンフロアで，ほかに類例を見ない朝霞独自のものができるということで，私もそういう意味では非常に喜んでおりますが，ワンフロアということは，床が1枚ベロっとあるということですから，仕切りがないというふうに考えるのが当然で，その仕切りがないところで，例えば子供さんもいる，それから静かに調べ物をしたい，いろんな要望がある中で，音の配慮はどの程度されているのか。」

> イ.「コンピュータの導入基準についてということでお聞きしたとおもいますのは、…コンピュータにどの程度の範囲の仕事をさせるのか、そこら辺のところをお聞きしたい…」
>
> ウ.「それから、図書の選択基準についてということでお聞きしているのは、当然としてのサービスの問題です。例えば、きのうの質問の中に公民館の図書室がどうなるかというような…。現在の公民館の図書室にある本の種類と、それから今度新設する図書館の中に備わる種類との重複とか…」
>
> エ.「人員の配置について。…図書館要員が何人いるのか…、そういった関係で人員はどういうふうに考えていくのか知りたいということを今お聞きしたいと思っております。」
>
> オ.「(公民館)図書室のとの関連について…人員の問題」
>
> カ.「国、県及び他市町村との連携についてと。これはどういうふうにやっていくのですか…。例えば市民の要望があればどこまでも本をおいかけるのだという考え方があるのか、ないのか。」
>
> ア.からカ.まで一つづつ申し上げましたが…材料になるような回答を本日は頂ければ十分だと思います。

8.3 住民との連携と公立図書館

　公立図書館は、そのおかれている地域の中で息吹いていかなければならない。したがって、図書館と地域の結びつきは非常に大切である。その結びつきの方法はさまざまである。

　図書館に来館する住民と知り合いになり、その人の知識や経験を図書館の運営に生かしてもらう。公民館やPTAの家庭教育学級、地域文庫や家庭文庫、読書会、青年のサークルなど、図書館は業務を通じてこれらの人々や団体とつきあいを重ねていく。館内でのカ

ウンター業務も大事だが，館内業務だけでなく外へも目を向けることが必要である。

　図書館からいろいろな会合に出向いていって，図書館や本の話などをしてくる。あるときは嫁姑のことから，老人問題，健康のこと，子育て，受験問題と話はいろいろと変わるかもしれない。しかし，そこで一番大事なのは人と人との結びつきである。こういうことを通じて，図書館長は地域の人々と知り合い，図書館への支持をひろげていくのである。

　茨城・水海道市立図書館や佐賀・伊万里市民図書館には，カウンターの後にガラス張りの館長室があり，だれでも気軽に館長室に入れるようになっている。水海道市の元館長谷貝忍は，気軽に利用者に声をかけ，館長室に招じ入れて歓談していた。

　北海道・置戸町立図書館元館長の澤田正春もそうである。置戸町では自動車図書館が一軒一軒をまわって，町の人たちと話をしていく。山から町へ買物におりてきた人は，必ず図書館によってお茶を飲んで館長と世間話をして帰る。それが楽しみで図書館を訪れる人がたくさんいる。時には館長にすすめられて本を借りていく。

　両方の館長に共通していることは，その土地に住み，その町（市）に長く勤めている。そして，地域と深く結びつき，図書館を知らず知らずのうちに住民の中にとけこませている。そこには，館長は先生でもなく，お役人でもない。自分たちと同じ仲間として迎え入れられ，そして，信頼されている。

　しかし，大きな都市の図書館では，このようなことはできないかもしれない。それに，館長が人事異動でくるくる代わる自治体では

水海道や置戸のようにはいかない。しかし，図書館長が明確な方針をもち，運営を行うことを住民に知ってもらう手段はいろいろある。

以上のように住民との結びつきは，その図書館のおかれている状況によって異なるが，住民が図書館の支持者として，また，本当に自分たちの図書館として考え，行動してくれることは大事なことである。そのために，図書館長は職員に率先して住民との結びつきを強める努力を怠ってはならない。

しかし，長い間行政事務にたずさわっていると，住民と打ちとけて一緒にやるということはなかなか難しい。

今までの日本の「役人」は住民に対して一定の距離をおくことが常識とされてきた。また，行政組織を守るあまり行政内の計画，実施事項などは完全にできあがるまでは住民に対して公表することはなかった。すなわち，計画策定から運営実施（執行）まではすべて自分たちで行うべきものと教えられてきたのである。いわゆる，「よらしむべし，知らしむべからず」であったのである。

一般行政からきた館長が全てこのようだとは思わないが，一部には上記の考えに基づき，住民の声を「うるさいもの」と敵視する考えや，保身のために住民と一緒に行動することをきらう保守主義もある。

図書館長の保守主義について，菅原峻は次のように述べている。

　「友の会」は図書館と対立するものではないし，ご意見番をつとめるものではない。しかし，いまの図書館の状況では，ど

うしても市民が一言も二言もいわなければならない。ところが図書館長，ことに行政のポストからきて図書館のことがわからぬままに，人事と施設管理に事無きを願っていると，住民とどう付き合うかも身についていないから，館長と話し合いをしたいと聞いただけで，トーチカの中に駆け込んでしまうことになる。[7]

地方の時代といわれ，地方分権の時代を迎えるにあたって，情報公開制度ができガラス張りの行政を推進していくためには，住民と膝を交えながら地域のこと，まちや市のことを語り合うということがますます必要となってくる。図書館を支える住民運動組織も，図書館が手をこまぬいていてはいつまでたっても図書館を支持することはできない。

図書館はまず，住民利用者との関係を作るところから始めよう。例えば，図書館を拠点としたグループやサークルを育成する。それには，図書館の集会室や印刷機などがいつでも使えるようにするなど，図書館が気軽なサークルやグループの溜まり場となり，いろいろな活動ができる環境を整える。また，図書館に対してさまざまな要求や意見をもってきたときは，館長が気軽に応対し，誠実な態度で話をし意見を交換する。そのようなときにこそ図書館の運営方針や年次計画などを示し，図書館の進むべき道筋をわかりやすく説明する。その中で予算の伴うものや施設の大幅な変更など，当面できないものはその旨をよく説明し，いろいろと助力もお願いする。

図書館の行事や催しなどはこれらのサークルや団体が中心になっ

て実行委員会を組織し，積極的に運営してもらう。図書館はこれらの行事や催しについての条件整備に専念する。

　利用者懇談会を年に数回，定期的に行う。これは，日常的に図書館を利用している一般利用者がふらっと入って，図書館に対する日常思っている意見や質問を出してもらう。あるいは，出席者同士で一つの問題について意見を交わすこともある。この懇談会を契機に図書館の勉強会などを開いて，自分たちの図書館について大いに議論を交わす。図書館運営はこのような住民の支持と連帯の中から生まれてくる。

　図書館は民主主義を発展させる砦だからこそ，地域の住民に支えられ運営していくことが肝要であろう。

注
1) 西崎恵『図書館法』日本図書館協会，1970，p.100
2) 前掲『図書館法』p.102
3) 山田正弘「図書館はなぜ教育委員会所属なのかという議論について」『図書館評論』16号，1976，p.88
4) 清水達郎「図書館協議会の機能」『東京新聞』1984.3.27
5) 塩見昇「図書館運営への住民参加－図書館協議会など制度的参加を中心に－」『日本における図書館行政とその施策』(論集・図書館学研究の歩み　第8集) 日本図書館学会研究委員会編集，日外アソシエーツ，1988，p.123
6) 郷仙太郎「プラス・アルファの仕事術　自治体版 THE 仕事マニュアル」公職研（公務職員研修協会）『地方自治職員研修』臨時増刊号 No.34, 総合特集シリーズ　vol.23, 通巻305号，1990
7) 菅原峻「本田明再発見」『としょかん』No.64, 1998.5, p.12

第9章　図書館関係団体

　『日本の図書館』1998年版によると，日本の全国的な図書館関係団体は57団体（学会10，協会8，協議会18，研究会その他21）ある。その中で日本図書館協会（1892年），日本医学図書館協会（1927年），私立大学図書館協会（1930年）などが古い歴史を持つが，その他の団体はほとんど太平洋戦争後に設立されたものである。

9.1　日本図書館協会

（〒104-0033　東京都中央区新川1-11-14）

　日本図書館協会は全国の公立図書館，大学図書館，学校図書館，専門図書館，公民館図書部とその他の読書施設および関係団体・個人のナショナル・センターとして，図書館法の制定など日本の図書館発展に大きく寄与してきた。

　その主な事業内容は，図書館の管理，運用，技術に関する調査研究，図書館職員の教育，研修，図書の推薦，選定とその普及，図書館の設立および経営の指導，諸外国の図書館団体との連絡など，図書館にかかわるあらゆる事業を行っている。

　日本図書館協会は，1892（明治25）年に設立された日本文庫協会が，1908年に日本図書館協会と改称し今日に至っている。図書館協会としては，アメリカ，イギリスに次いで世界で3番目に古い歴史

を持つ。機関誌『図書館雑誌』は1907年創刊。会員は個人・団体合わせて約9000名。1992（平成4）年には創立100年を迎えた。

明治期には，目録規則の制定や全国図書館大会の開催（1906年から），その他図書館の知識の啓蒙に力をつくし，また1907年に『図書館雑誌』を創刊して，図書館界の指導に大きく寄与した。

第2次世界大戦末の1944（昭和19）年，財団法人となることを余儀なくされたのであったが，戦後，全国の図書館員によって再建がはかられ，1947年に社団法人として現在の組織になった。

1950年図書館法が制定され，戦後第1回の全国図書館大会が1948年東京で開かれた。

1954年の大会で，「知る自由」への図書館の任務をうたった「図書館の自由に関する宣言」が採択された。

戦後再建当時の協会会員は，正会員特別会員合わせて996名と記録されているが，1951年には2000名を超え，1964年に3000名に達し，1975年には4500名，1997（平成9）年には9000名に至っている。協会の歴史は，そのまま日本の近代図書館の歩みでもあったが，協会の発展は，図書館界そのものの充実・発展の反映であるといってよい。

9.2 全国公共図書館協議会

（〒106-8575　東京都港区南麻布5-7-13　東京都立中央図書館内）

全国の公共図書館と図書館法第14条に規定する図書館協議会で構成される団体で，1967（昭和42）年5月設立。当初は全国公共図書館長協議会と称したが，全国知事会から分担金の継続交付を条件に，

全国図書館協議会連合会との統合を勧告され，1970年6月に改組，現在の名称になった。国立国会図書館は客員会員。

「全国の公共図書館相互の連絡を密にし，図書館に関する調査研究を行い，図書館の発展を図ること」を目的とし（規則第4条），公共図書館の行財政，および事業の調査研究，情報交換，関係機関への陳情等を主な事業としている。調査研究活動は全国7地区で構成される地区協議会を中心に進められ，特に1978年度から全国図書館総合計画（ナショナルプラン）の試案策定に着手した。

設立の動機は，日本図書館協会の下部機関である公共図書館部会だけでは国への予算折衝が十分できなかったこと，財政面でも協会の交付金の数倍の負担金を別途支出していたこと等が挙げられ，文部省への圧力団体（もしくは代弁団体）化を目標として，教育長協議会を雛形に結成されたといわれる。

年間予算は298万円（1999年度）で，分担金と文部省補助金で賄われている。毎年会報（年2回）と『研究調査報告書』を刊行。会長と事務局は東京都立図書館に置かれている。さらに各都道府県に公立図書館協議会がおかれ県内の図書館活動が行われている。

9.3 図書館学会・研究団体

○図書館問題研究会（1955年創立）
（〒101-0006　東京都千代田区三崎町2-17-9　マルヨシビル201）

1954年3月，日本図書館協会事務局にいた石井敦（その後，東洋大学教授），武田八州満（その後，長谷川伸に師事して作家，1986年9月没），そして豊橋市立図書館の中村光雄（現在，出版社経営）

が発起人となって、1954年3月、各方面へ次のアピールを流した。

　①私たちは図書館を国民のものとする組織をつくる。

　②この組織は正しい理論の方向をうちたてるために話合いの場をもつ。

　③互いに正しいと認めあった理論を日常生活の中で行動し、必要に応じて行動の場を広げる。

　④館界内外有志の参加を歓迎する。

　⑤目的達成のため自分の全てをつくす。

そして1955年5月、大阪で第8回全国図書館大会が行われた際、関東、近畿、四国などから若い図書館員ら24名が集まり、「民衆のための図書館をつくろう」と綱領がまとめられ発会した。

会員数は結成時49名から、1956年が92名、57年が103名、と伸びていった。会員をつなぐパイプとしての『会報』が毎月発行され、理論誌『図書館評論』（年1回）が1956年に創刊された。『会報』はその後、機関誌『みんなの図書館』が1977年に創刊され、引き継がれていった。

現在、会員数約2500名。公共図書館員や文庫・図書館づくり運動の人たちが中心となって活動している。

○児童図書館研究会（1953年創立）
（〒105-0004　東京都港区新橋5-9-4　関ビル3F）

児童図書館の研究と子どもの読書環境の充実発展をめざして1953年に設立された。公共図書館における児童サービスの普及、位置付けを強める活動を継続している。個人会員約920名　団体会員160機

関である。

○大学図書館問題研究会（1970年創立）
（〒131-0032　東京都墨田区東向島1-14-2　高井方）

　1970年，図書館問題研究会を母体として結成された。学生・教職員の要求をもとに，利用者のための大学図書館をづくりをめざす運動体的な性格をもつ個人加盟の研究団体。会員820名。

○日本図書館情報学会（1953年創立）
（〒150-8366　東京都渋谷区渋谷4-4-25　青山学院大学教育人間科学部教育学科野末研究室内）

　1953年に創立された，「わが国図書館学会の総合学会として図書館学の進歩発展に寄与することを目的」（設立当時の規約による）とする学会。当初は「日本図書館学会」であったが，1998年に名称を変更した。

　戦後の図書館発展の機運の中で，図書館学の学科，講座等が漸増し，図書館員の団体もつぎつぎに生まれ，研究面の全国的な連絡提携の必要が痛感されたのが学会創立の動機である。また，日本学術会議に代表を送り，国の研究助成費の獲得も意図されていた。

　学会の事務局は当初，日本図書館協会におかれていた。機関誌『日本図書館情報学会誌』（年4回刊）の発行，研究大会・総会，春季研究集会（各年1回）開催を恒常的な活動としている。会員は正会員520名，学生会員20名，団体会員60機関である（1995年度）。

○日本図書館研究会

(〒531-0072　大阪市北区豊崎3-8-5-104)

　1946年11月23日に結成された，最も歴史をもつ図書館学の研究団体で，会員は1100名。研究会は，1943年に解散した青年図書館員聯盟の関係者が中心となって発足したもので，1947年以来機関誌『図書館界』（隔月刊）の刊行を続けてきたほか，『日本図書館研究会ブックレット』10冊，『日本図書館学叢書』6冊，『図書館界シリーズ』3冊を企画・監修し，また『日本件名標目表追加標目』『目録編成規則』を編集・出版した。

　刊行物以外の研究活動としては，1951年以来各地の地区研究グループの育成，研究大会やセミナーの開催（毎年）等に力を入れ，若い研究者や図書館員の資質向上，図書館学のレベルアップに努めている。

○三多摩図書館研究所（1995年創立）

(〒191-0053　日野市豊田2-49　日野市立中央図書館内　石嶋気付)

　1995年12月設立。多摩地区の図書館の発展を図るため，多摩地区の図書館員有志によって結成された。『図書館研究・三多摩』（年1回）を発行している。会員数50名。

○親子読書地域文庫全国連絡会

(〒246-0032　横浜市瀬谷区南台2-5-6　村島方)

　親子読書地域文庫全国連絡会は，1970年4月，「すべての子ども

に読書の喜びを」という願いを掲げて結成された。以来今日まで，子どもの読書や子どもの本，子どもをめぐる状況などについて，全国から集まった会員が活動を続け，2000年4月には満30年を迎える。

その30年の歩みの中で，個々の小さな活動が全国につながり，子どもの読書環境を発展させ，大きな力を生み出してきた。きびしい課題に直面しながらも，活動が長く続いたのは「子どもと本を出会わせることや，子どもの本を通して仲間と結ばれる喜びがあったから」であった。主な活動は次のとおりである。

1. 全国交流集会・地域連絡会交流会の開催
2. 『子どもと読書』はじめ，活動に役立つブックレットなどの出版活動
3. 学習，実践などに関する講座の開催

この他学会・研究会で現在，機関誌の刊行など活動をつづけている主な団体を列記すると次のようなものがある。(2011年現在)

〇三田図書館・情報学会（1963年創立）
（〒108-8345　東京都港区三田2-15-45　慶應義塾大学文学部図書館・情報学専攻内）

〇中部図書館情報学会（2009年創立）
（〒464-8603　名古屋市千種区不老町　名古屋大学大学院工学研究科社会基盤工学専攻内　伊藤研究室気付）

○西日本図書館学会（1953年創立）
（〒839-8502　久留米市御井町1635　久留米大学文学部遠山研究室内）

9.4　公立図書館以外の図書館協議会

○全国学校図書館協議会（1950年創立）
（〒112-0003　東京都文京区春日2-2-7）

　全国各都道府県郡市の学校図書館研究団体および学校図書館関係者相互の連絡研修，学校図書館に関する調査研究，学校図書館の振興を通じて，学校教育の向上発展および全国青少年読書活動の振興に寄与することを目的とする学校図書館関係の民間の全国組織。略称・全国SLA。1950年に結成された。会員は個人および団体加盟。

　1948年12月に文部省の呼び掛けで，千葉・奈良の東西2会場で開かれた『学校図書館の手引』伝達講習会に参加した人たちの中から，全国的な研究組織をつくろうという声が起こり，各府県での組織づくりが行われた。そうした機運の中で全国SLAが生まれた。学校図書館法の制定運動はこの協議会の初期における大きな活動であったし，その後，学校図書館法の不備を改正するための運動を中心になって進め，附則第2項廃止の実現に努力した。

　事業としては，機関誌『学校図書館』（月刊），『学校図書館速報版』（旬刊）の刊行のほか，隔年に全国学校図書館研究大会の開催，各種講習会・研究会等の開催，学校図書館向き図書の選定，青少年読書感想文コンクールの実施，およびそれに伴う課題図書の選択など幅広い活動をしており，学校図書館関係の図書の出版も多い。

○日本医学図書館協会（1927年創立）
（〒101-0051　東京都千代田区神田神保町 1 - 3　冨山房ビル 6 F，機関誌・『医学図書館』）

○私立大学図書館協会（1938年創立）
（〒171-8501　東京都豊島区西池袋 3 -34- 1　立教大学図書館内，機関誌・『私立大学図書館協会会報』）

○国立大学図書館協会（1954年創立）
（〒113-0033　東京都文京区本郷 7 - 3 - 1　東京大学附属図書館内）

○公立大学協会図書館協議会（1956年創立）
（〒651-2197　神戸市西区学園西町 8 - 2 - 1　兵庫県立大学学術総合情報センター内）

○専門図書館協議会（1952年創立）
（〒104-0033　東京都中央区新川 1 -11-14　日本図書館協会会館 6 F）

○日本薬学図書館協議会（1955年創立）
（〒100-0003　東京都千代田区一ツ橋 1 - 1 - 1　パレスサイドビル 9 F　㈱毎日学術フォーラム内）

資　料

○カウンター応対マニュアル

○督促電話のかけ方

○千厩町立図書館資料収集方針

○予約ベスト一覧

○登録分布図

○管理委託について東京都の見解（抄）

○地方交付税算定基準　図書館分

○歳出予算見積書

○静岡県・吉田町図書館設置条例

○埼玉県・鶴ヶ島市立図書館条例

○私たちの考える仙台市立図書館設置条例案

○カウンター応対マニュアル

(市川市立図書館)

1. カウンターでの基本的応対について

利用者の中には、図書館の利用に慣れておらず、私たちが当然と思っていることを質問してくる人、間違ったことを言い張る人など様々な人がいる。しかし、どんな利用者の言うことも真剣によく聞き、謙虚な気持ちで丁寧に応対しなければならない。

1）利用者がカウンターに来られたときには…

　①「おはようございます」「こんにちは」といった基本的な挨拶をする。

　②基本的に立って応対する。

　③利用者の方を向いて応対する。

2）基本的な言葉の使い方について

熟語や図書館用語は利用者にはわかりづらいので、やわらかく言い砕く必要がある。「貸出ですか。返却ですか」→「お借りになりますか。お返しですか。」

3）貸出時・返却時には…

無言で応対はしない。自然な形で何か一言いいながら応対すること。少なくとも貸出時には「○日までにお返しください。」、返却時には「おあずかりします。」「ありがとうございました。」「またどうぞ。」といった言葉を場合に応じて使う。

4）延滞資料のある場合には…

貸出時に返却の遅れている資料があることが分かった場合には、その旨を必ず利用者に伝える。「お返しの遅れているものがあるようですが」…「まだ○点お借りですか？」…「お早めにお願いします。」など、やわらかい言い方で知らせるようにする。

5）何か利用者が困っているようだったら…

「何かお探しですか？」など、こちらから積極的に声をかける。

6）カウンターでトラブルがあった場合には

利用者は図書館を職員のように，熟知しているわけではなく，迷いや怒りや不安をストレートに表現するのも一方ではやむを得ない，といったことも念頭においてトラブルに対処する。

　①利用者に対して職員に落度があった場合，あるいは両者の間に誤解があって利用者に迷惑をかけた場合には，素直に謝ったうえで応対をする。
　②トラブルが生じこじれそうな場合には，直ちに担当の係長に報告し，事務室で応対する。

2．市民のプライバシーの保護について

　利用者のプライバシーを侵す行為をしないように，十分注意して業務を行わなければならない。

1）記入済の利用申込用紙・リクエストカード・コピー申込用紙などは，速やかに所定の位置に保管し，利用者の目に触れないよう注意する。
2）提供済の資料のリクエストカードは，シュレッダーにかける。
3）カウンターの端末で利用者本人に貸出状況等を知らせる場合には，他の利用者に見えないよう，画面の向きに注意する。
4）カウンター内に利用者を入れない。
5）予約や督促の電話はカウンターではしない。
6）図書館が保管する利用者の個人情報は，公的機関（警察，検察等）からの問い合わせであっても，裁判所の令状がないかぎり，教える必要はない。そのような問い合わせが実際にあった場合には，上司に報告する。
7）図書館の貸出券や本を拾ったと連絡があった場合には，拾い主に落とし主の連絡先を直接教えない。図書館から落とし主に連絡する方法をとる。

3．カウンターでの注意事項

　次の事項は，市民に誤解や不快感を与えるので窓口では行わない。

1）原則として窓口業務以外の仕事を持ち込まない。
2）私的電話は，窓口では受けない。
3）読書はしない。

4）サンダル履きはしない。
5）だらしない態度（頬杖をつく・うつ伏せるなど）でカウンターに座らない。
6）私語を慎む。

4．カウンターの利用がとぎれたときは…
1）カウンター内でリクエストの処理等をする。
　※カウンター廻りに利用者がいる場合には、利用者登録はひかえること。
2）カウンター付近のフロアーワークをする。
3）閑散時には必要人数を残して、貸出作業室で作業をしてもよい。
4）いずれの場合でも、利用者が近づけばすぐ応対できるようにしておく。

5．カウンターが混雑したときには…
　必要に応じて、応援を頼むこと。

6．電話応対について
　電話では、姿が見えないだけに、失礼のないよう気を配って応対する。
1）外線をとったときの応答
　「はい、○○図書館です。」
　「おはようございます。○○図書館です。」
2）内線からまわってきたときの応答
　「○○担当です。」「○○室です。」または氏名をなのる。
3）伝言や調べ物の依頼を受けたときはメモをとり、復唱して確認する。
4）問い合わせの電話を、たらい回しにしない。
5）利用者への回答に時間のかかる場合には、しばらくしてもう一度かけてもらうか、こちらからかけ直すようにする。
　例「お調べするのに、多少時間がかかりますので、30分後にもう一度お電話していただけますか。──担当○○までお願いいたします。」
6）電話がおわったらあいさつをして静かに受話器を置く。

「失礼いたします。」
「どうぞ，よろしくお願いいたします。」

○督促電話のかけ方

(所沢市立図書館)

1. 電話をかける前に，必ず，リスト内容をコンピュータで確認する。
   リスト以外の図書でも，期限が過ぎているものは，一緒に伝える。
2. 世帯ごとに，最低1回かける。(再度督促する場合は，前回督促日から2週間以上期間をおくこと)
3. 連絡の仕方
   ◇詰問調にならないよう誠意をもって連絡する。

(例)「○○さんのお宅ですか。所沢図書館(○○分館)の××ですが，△△さんは，いらっしゃいますか。現在，□□という本を借りていらっしゃいますが，まだ，おもちでしょうか。返却期限が○月○日までとなっており，遅れているようなので，至急お近くの図書館までお返しください。」

◆「返した」または「返したはずだが…」と言われたとき
・『返したかどうかわからない』
→「コンピュータ上では，まだ返却になっておりませんので，申し訳ありませんが，もう一度探していただけますか。どうぞよろしくお願いします。」
☆念のため，書架を探してみる。あった場合は，返却してお詫びの連絡をする。

・はっきりと『返した』
→「では，図書館のほうで，もう一度探してみます。」
☆各自で書架を探してみて，あった場合は，返却してお詫びの連絡をする。なかった場合は，その旨係まで連絡する。

◆「なくした」
→書名，著者名，出版社名，価格等をつたえ，「同じ本を購入して，返し

ていただけますか。もし，絶版のときは，同じような内容で，同額程度のものをお願い致します。」

《雑誌の場合》「雑誌のバックナンバーは，購入できませんので，同額程度の図書を購入して返していただけますか。」

4. 不明な点，トラブルが生じそうな場合は，係まで連絡する。
5. 連絡した日付，伝言の有無，特記すべきことがあればそれを記入し，期日までに係に返してください。

　＊留守番電話の場合
　　・名字を名乗った場合は伝言をし，1回督促したこととする。
　　・名字を名乗らなかった場合は，伝言しない。
　＊図書名はプライバシー保護のため，原則として本人以外は伝えない。

注：督促連絡は原則的に電話。対象は返却予定を3か月以上過ぎたもの。
　　所沢では本館に督促（統括）担当者（奉仕係）がいて，全員で電話作戦をしている。分館は分館分のみを取り扱う。

分館や現場などでの使用

　・はっきりと『返した』
　　まず謝る。
　「申し訳有りません。当方のミスもあるかもしれませんので，本棚を確認いたします。確認の結果はすぐにお知らせいたします。私担当の○○です。」

　確認作業は可及的速やかに行う。
→確認の結果，見つかったとき。
　「私担当の○○です。本棚を再確認したところ，本が見つかりましたので，ご報告いたします。当方のミスでご迷惑おかけいたしました。誠に申し訳ございませんでした。」

→見つからなかった時。
　「私担当の○○です。本棚を再確認したのですが，残念ながら見つかりませんでした。当方も確認作業を続けますので，もう一度お確かめ願いま

す。それでも見つからない場合はお手数ですが，私○○までお知らせ下さい。私が不在の場合は××（統括担当者）までお知らせ下さい。」
→どうしてもみつからない，またはそれでも返したと「強く」言われた場合。

「分かりました。それではお客様の番号から本の番号を取り消させて頂きます。ご迷惑をおかけいたしました。」

○千厩町立図書館資料収集方針　　　平成14年7月15日教育長決裁

前文

　千厩町立図書館は町民の知る権利を保障し，町民の求める資料，情報に必ず応えることができるように努め，あわせて地域の文化を高めるために，資料の収集を行います。

　本方針を広く公開し，町民と協働した「みんなの図書館」を目指します。

1　基本方針
(1) 資料の収集は，町民の要求に基づき，町民個人の思想的・宗教的・政治的立場を尊重し，自由で公正な選定のもとに行います。
(2) 主義・主張や多様な，対立する意見のある問題については，それぞれの観点に立つ資料を幅広く収集します。
(3) 町民の日常生活や調査研究に役立ち，教養を高め，娯楽・趣味等に資する資料を中心に収集します。
(4) 多種多様広範な要求に応えるため，図書のほか新聞・雑誌・パンフレット・大活字本・紙芝居・楽譜・視聴覚資料・電子資料等も積極的に収集するほか，千厩町を中心とする地域の郷土・行政資料は徹底的かつ網羅的に収集します。

　　ただし，活字以外の資料については活字資料とのバランスを考慮して収集します。
(5) 基本的人権の侵害にかかわる問題等の資料の公開及び取り扱いについて

は，全職員で充分協議するほか，必要に応じて町民にも意見を求め，館長がこれを決定します。

2 資料別収集方針
(1) 一般図書
　町民が日常生活に必要な実用書をはじめ，教養・娯楽・趣味等各分野にわたり，幅広く収集します。
(2) 児童図書
　情操を豊かに育む資料および楽しむことのできる資料はもとより，学校や学校図書館への支援および連携を考慮した資料を収集します。
(3) 参考図書
　調査研究を行うために必要な辞書・事典・年鑑・便覧・統計・白書等を各分野にわたって収集します。
(4) 郷土資料
　千厩町に関するものを中心に，岩手県内と宮城県北部までを含む範囲での歴史・社会・文化等に関するもの，古文書・記録・映像・録音資料を積極的に収集します。
　特に馬，養蚕，タバコ，夫婦岩等に関する資料は積極的に収集します。
　また，郷土在住および郷土出身者の著作を収集します。
(5) 行政資料
　千厩町をはじめ関係行政機関で公刊された資料を網羅的に収集します。
(6) 新聞
　国内発行の主要な全国紙及び地方紙で児童及び青少年向けのものも含めて収集します。
　地域社会の経済及び産業に役立つ専門紙並びに機関紙についても，利用度に応じて収集します。
(7) 雑誌
　国内発行の各分野における基本的な雑誌を中心に，生活，教養，娯楽，趣味等に役立つ一般誌，週刊誌，女性雑誌で，児童及び青少年向けのものも含

めて収集します。

地域社会の経済，産業及び科学技術に役立つ専門誌も，必要度に応じて収集します。

(8) 視聴覚資料

趣味，教養，娯楽又は文化活動に資するため，クラシック，ポピュラー，民族音楽，芸術，演芸，ドキュメンタリー，文学作品，スポーツ等の基本的作品及び代表的実演家の作品を中心に収集します。

ただし，実際の購入にあたっては活字資料とのバランスを考慮します。

(9) 電子化資料

CD-ROM 等のパッケージされた電子化資料は，その特性を活かして製作されたものを中心に必要に応じて収集します。ただし，実際の購入にあたっては活字資料とのバランスを考慮します。

ネットワーク上の情報源については「収集」という概念はあたりませんが，必要に応じて提供するよう努めます。

(10) 障害者資料

視覚障害者等の利用に供するため，点字資料，大活字本，録音図書等を収集します。

(11) 漫画，コミック

長い年月を経て評価が定まったもの，芸術性の高いもの，定評のあるもの，時代を表現したものを中心に収集します。

ただし，実際の購入にあたっては活字資料とのバランスを考慮します。

3 寄贈・寄託資料

寄贈・寄託される資料は，寄贈者及び寄託者の意志を尊重し，かつ本方針に準拠して受入れます。

4 その他

この方針に定めるもののほか，資料収集に関する事項については，館長が別に定めます。

○予約ベスト一覧

予約ベスト一覧 (2008.2) / 西東京市立図書館

一般

順位	タイトル	著作・編者	出版社	出版年	予約数	資料数	予約順位1位の予約日
1	ホームレス中学生	田村裕	ワニブックス	2007.9	554	22	2007/10/11
2	楽園 上	宮部みゆき	文藝春秋	2007.8	461	21	2007/8/15
3	楽園 下	宮部みゆき	文藝春秋	2007.8	450	20	2007/8/15
4	ダイイングアイ	東野圭吾	光文社	2007.11	323	20	2007/11/29
5	夜明けの街で	東野圭吾	角川書店	2007.6	282	19	2007/8/10
6	女性の品格 一装いから生き方まで―	坂東眞理子	PHP研究所	2006.1	260	21	2007/8/24
7	私の男	桜庭一樹	文藝春秋社	2007.1	248	16	2007/11/15
8	スタバではグランデを買え！―価格と生活の経済	吉本佳生	ダイヤモンド社	2007.9	221	16	2007/10/12
9	おひとりさまの老後	上野千鶴子	法研	2007.7	215	19	2007/10/4
10	ふぞろいな秘密	石原真理子	双葉社	2006.12	199	2	2006/12/16
11	田中宥久子の造顔マッサージ10年前	田中宥久子	幻冬舎	2006.12	171	2	2007/4/24
12	一瞬の風になれ 1 イチニツイテ	佐藤多佳子	講談社	2006.8	169	16	2007/5/24
13	鹿男あをによし	万城目学	幻冬舎	2007.4	167	12	2007/8/11
14	一瞬の風になれ 2 ヨウイ	佐藤多佳子	講談社	2006.9	165	13	2007/5/29
15	八日目の蝉	角田光代	中央公論社	2007.3	156	11	2007/9/11
16	一瞬の風になれ 3 ドン	佐藤多佳子	講談社	2006.1	151	13	2007/5/27
17	ツレがうつになりまして。	細川貂々	幻冬舎	2006.3	150	1	2006/9/22
18	反転―闇社会の守護神とよばれて	田中森一	幻冬舎	2007.6	143	12	2007/8/5
19	ゴールデンスランバー ―A MEMORY―	伊坂幸太郎	新潮社	2007.11	142	10	2007/12/1
20	鈍感力	渡辺淳一	集英社	2007.2	132	17	2007/7/7

資 料 *251*

予約ベスト一覧 (2008.2) YA・児童　西東京市立図書館

順位	タイトル	著作・編者	出版社	出版年	予約数	資料数	予約順位1位の予約日
1	一瞬の風になれ 1 イチニツイテ	佐藤多佳子	講談社	2006.8	166	16	2007/5/27
2	一瞬の風になれ 2 ヨウイ	佐藤多佳子	講談社	2006.9	164	13	2007/6/5
3	一瞬の風になれ 3 ドン	佐藤多佳子	講談社	2006.1	149	13	2007/5/29
4	ハリー・ポッターと死の秘宝 上	Rowling,J.K.	静山社	2007.7	125	0	2007/11/27
5	ハリー・ポッターと死の秘宝 下	Rowling,J.K.	静山社	2007.7	124	0	2007/11/27
6	世界一やさしい問題解決の授業 problem solv	渡辺健介	ダイヤモンド社	2007.6	90	6	2007/10/3
7	医学のたまごご(ミステリーYA!)	海堂尊作	理論社	2008.1	72	6	2008/1/22
8	トンネル 上	ロデリック・ゴードン	ゴマブックス	2008.1	36	5	2007/12/19
9	トンネル 下	ロデリック・ゴードン	ゴマブックス	2008.1	33	5	2007/12/19
10	都会(まち)のトム&ソーヤ 5下 (YA！entertainm	はやみねかおる	講談社	2007.7	33	6	2007/10/18
11	都会(まち)のトム&ソーヤ 5上 (YA！entertainm	はやみねかおる	講談社	2007.7	32	6	2007/10/20
12	いけちゃんとぼく	西原理恵子	角川書店	2006.8	27	1	2007/10/16
13	ガラスの仮面 第42巻 (花とゆめCOMICS)	美内すずえ	白泉社	2004.12	26	3	2007/5/16
14	光とともに… 11 自閉症児を抱えて	戸部けいこ	秋田書店	2007.6	26	3	2007/9/28
15	まおかみ小学生！PART11 (青い鳥文庫	令丈ヒロコ	講談社	2008.1	24	6	2008/1/25
16	宇宙絵の秘密の鍵	ルーシー・ホーキン	岩崎書店	2008.2	23	2	2008/2/8
17	テラビシアにかける橋 (偕成社文庫3264)	キャサリン・パター	偕成社	2007.3	22	3	2008/1/11
18	時の迷路 一恐竜時代から江戸時代まで一	香川元太郎	PHP研究所	2005.4	22	4	2007/11/21
	光とともに… 12 自閉症児を抱えて	戸部けいこ	秋田書店	2007.12	21	3	2007/12/22
19							

252

○登録分布図

(『たなしの図書館　平成10年度図書館要覧』)

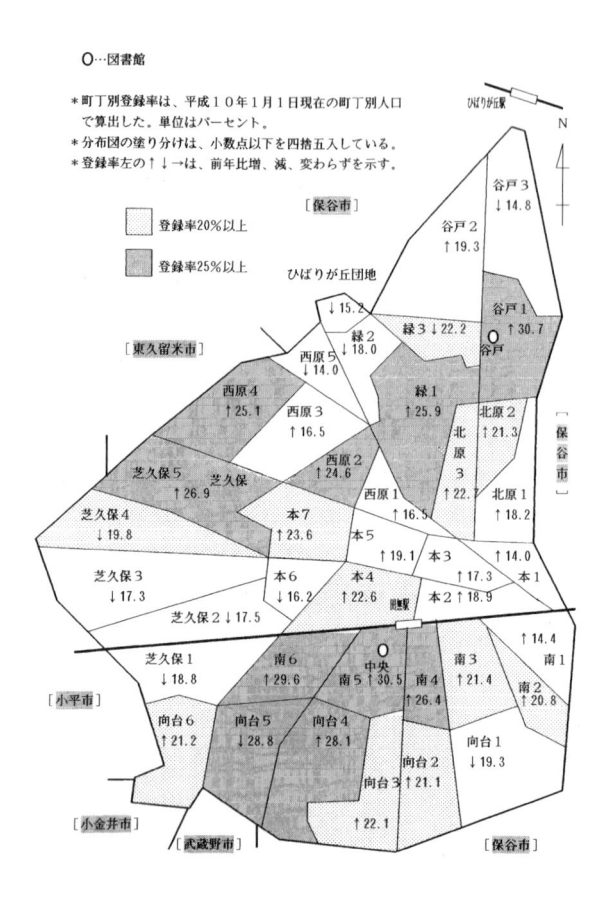

○…図書館

* 町丁別登録率は、平成10年1月1日現在の町丁別人口で算出した。単位はパーセント。
* 分布図の塗り分けは、小数点以下を四捨五入している。
* 登録率左の↑↓→は、前年比増、減、変わらずを示す。

登録率20％以上
登録率25％以上

[保谷市]
[東久留米市]
[小平市]
[小金井市]
[武蔵野市]
[保谷市]

ひばりが丘駅　N

谷戸3 ↓14.8
谷戸2 ↑19.3
谷戸1 ↑30.7
谷戸
ひばりが丘団地 ↓15.2
緑2 ↑18.0
緑3 ↓22.2
西原5 ↓14.0
西原4 ↑25.1
西原3 ↑16.5
緑1 ↑25.9
北原2 ↑21.3
北原3 ↑22.7
芝久保5 ↑26.9
芝久保
西原2 ↑24.6
西原1 ↓16.5
北原1 ↑18.2
芝久保4 ↓19.8
本7 ↑23.6
本5 ↓19.1
本3 ↑14.0
本1 ↑17.3
芝久保3 ↓17.3
本6 ↓16.2
本4 ↑22.6
本2 ↑18.9
芝久保2 ↓17.5
南1 ↑14.4
芝久保1 ↓18.8
南6 ↑29.6
中央 ○30.5
南5 ↑
南3 ↑21.4
南4 ↑26.4
南2 ↓20.8
向台6 ↑21.2
向台5 ↓28.8
向台4 ↑28.1
向台2 ↑21.1
向台1 ↓19.3
向台3 ↑22.1

○管理委託について東京都の見解（抄）

財団設立について

　i．財団設立にあたっては，財団法人独自の自主的な目的と事業が必要であり，行政しかできないものは財団に委託できないし，本来行政でやらなければならないことを財団に転嫁してはならない。(93.5.26)

　ii．また，財団の設立にあたっては，市の下請的な，いわゆる受託事業を中心とするような財団法人の設立は認められない。従って，財団法人独自の自主的な目的と事業を明確にするとともに，自主事業が受託事業を必ず上回っていることが必要であり，その割合は，総経費で最低でも自主事業を6，受託事業を4とすることが絶対条件である。(93.5.26)

　iii．行政で行う事業と財団が行う事業が重複する場合は，財団の事業として認められない。従って，財団は行政で行わないような事業の展開をはからなければ，財団設立は認められない。(93.5.26)

　iv．公立図書館の委託については，昭和61年の文部省の見解である「図書館における基幹業務の委託はなじまない」との考え方は今も変わっていない。都の考え方も同様であり，「設立を予定している財団が図書館業務を全面的に受託するのであれば，財団設立はみとめられない」ので何か方法を考えてください。(93.8.4)

運営の範囲

　i．教育庁総務部総務課の意見

　委託する範囲について，a.図書館の運営方針・事業計画の策定，b.図書資料の選定方針・廃棄基準の策定等，これ以外の業務すべてを委託していくことについて

(a)図書資料の選定方針は教育委員会ということであるが，方針だけ決めても，実際にどの本を買う，買わないを決めていくことはかなり重要なことである。司書の職務に係る業務は基幹業務であり，どこまで委託できて，どこからが委託できないという区分けはできない。

(b)事業計画の策定を教育委員会で行って、その実施を財団でということになると、財団としての自主性がなくなり、作業だけを行うビル管理会社とどう違うのか。ビル管理会社的な発想の財団の設立は認められない。

いずれにしても、図書館法第10条で設置して委託したいといわれても、駄目だといわざるを得ない。

(c)今回の案について、生涯学習部社会教育課の意見をきいてみたらどうか。(94.3.3)

ⅱ. 生涯学習部社会教育課の意見

(a)仮に図書館法第10条で位置付けても、これだけのものを委託してしまうと、教育機関としての役割が薄れてしまうので疑問が残る。

(b)図書館の委託に関する東京都教育委員会の見解は、昭和61年3月の衆議院予算委員会における海部文部大臣の答弁にあるように、「公立図書館の基幹的な業務は委託になじまない」という文部省の見解と同じである。また、委託できる業務と委託できない業務にふりわけることもできない。

ⅲ. 教育庁総務部総務課の意見

a.図書館の運営方針・事業計画の策定, b.資料の収集, 選定及び除籍, c.資料の貸出・返却, d.レファレンス業務, e.資料の相互貸借, f.複写サービス, 以上6項目を除いた部分を委託していく方向について

(a)事業を中途半端に分け、細切りにして財団に委託することは、その時々の都合によって変わるので認められない。

性質的に同じ種類のものは、行政か財団のどちらでやるか二者択一をする必要がある。

(b)現段階においては、公立図書館の業務を一部でも財団に委託することは認められない。

(c)従って、複合施設の場合、施設管理の大部分を財団が受託することにより、付随してその建物の一部分を管理しなければならないようなときは、その部分の財団での委託を認めているので、この資料に書いてあるような業務は公立図書館として直営にし、建物管理の部分だけ委託したらどうか。

(d)この資料に書いてある業務以外の業務は、あえて図書館の事業として位置

付けなくても，例えば財団の自主事業にしたりして実施できると思う。そうすれば，公立図書館の業務に係る部分はすべて直営になり，財団の設立には支障がなくなる。なお，この方法がとれない場合は，公立図書館としての位置付けをやめ，単なる公の施設としての位置付けをするしかないと思う。

　以上の東京都教育庁の指導のとおり，図書館を図書館法第10条による「公立図書館」に位置づける限り，東京都としては図書館の業務（建物管理に関する部分を除く）を財団に委託することは認められないということが明確になった。
(『調布市市民プラザ（仮称）における図書館組織のあり方について』平成6年8月25日，調布市社会教育部社会教育課，p.1～4［見出は筆者］)

○地方交付税算定基準　図書館分

平成12年度　図書館に関する「単位費用算定基礎」

　　［市町村分］（第八節　標準団体又は標準施設行政規模）

　　　　　　経費の種類：教育費　その他の教育費

　　　　　　測定単位・その数値：人口　　　100,000人

　　　　　　(2)図書館数　　　　　　1館

第一項　単位費用算定基礎

第一　単位費用の算定の概要

1　その他の教育費の測定単位は「人口」……であり，「人口」を測定単位とするものは，経常経費と投資的経費に区分される。

2　標準団体の行政規模は，人口100,000人，公民館8，図書館1，社会体育施設3，幼稚園4と想定している。

3　単位費用は，「人口」を測定単位とするもののうち，経常経費にあっては標準団体の一般財源所要額を601,481千円と見込み，6,010円とし，投資的経費にあっては標準団体の一般財源所要額を36,569千円と見込み366円と……した。

第二　本年度主要改定内容

　　公民館，図書館及び社会体育施設の管理運営に要する経費を充実したこと。

第三　行政事務内容

細　目	細　節	行　政　事　務　内　容	根拠法令
3.図書館費	図書館費	1.図書,記録,視聴覚教育の資料その他必要な資料を収集し，一般公衆の利用に供すること 2.図書館資料の分類配列を適切にし，その目録の整備をすること	社会教育法 図書館法

資 料 257

第四　標準団体行政規模

項　　　　目	行　政　規　模
人　　　　口	100,000人
図　書　館　　館　数	1館

第五　職員配置

（単位　人）

細　目	細　節	教育委員	教育長	課　長	教　員	職員A	職員B	計
3図書館費						4	3	7

第六　単位費用算定の基礎

1　経常経費

（単位　千円）

| 細　　目 | 細節 | 総　額 | 特　定　財　源 ||||| 一般財源 (A) | 単位費用 (A)÷ 100,000人 |
			国庫支出金	県支出金	使用料手数料	諸収入	計		
3図書館費		72,851	—	—	—	—	—	72,851	729

2　投資的経費

細　　　　　目	総　額（一般財源）(A)	単位費用(A)÷100,000人
社会教育施設等建設費	36,042千円	360円

第二項　標準団体行政経費積算内容

1　経常経費

細　　　　目	3図書館費	細　　　　節	図　書　館　費

歳　出

経費区分	経　費	積　算　内　容
給　与　費	千円 53,489	職　員A　　　　8,790,000円×4人=35,160千円 職　員B　　　　5,430,000円×3人=16,290千円 宿日直手当　　　　　　　　　　　　2,039千円
旅　　　費 需　要　費　等	309 19,053	図書購入費　　1冊2,700円×5,450冊=14,715千円 視聴覚資料購入費　　　　　　　　　　658千円 その他　　　　　　　　　　　　　　3,680千円
歳　出　計	72,851	

2　投資的経費

細　目	幼稚園及び社会教育施設等建設費	細　節	幼稚園及び社会教育施設等建設費

歳　出

区　　分	経　費	積　算　内　容
事　業　費	千円 36,569	幼稚園建設費　　　　　　　　　　　　　527千円 社会教育施設及び社会体育施設建設費　36,042千円

[道府県分]　（第八節　標準団体又は標準施設行政規模）

　　　　　経費の種類：教育費　その他の教育費

　　　　　測定単位・その数値：人口　1,700,000人

　　　　　図書館数　　　　　　1館

都道府県の標準規模

項　　　目	規　　　模
人　　　　　口	1,700,000人
面　　　　　積	6,500km²
世　帯　数	590,000世帯
市　　　　　数	10
市　部　人　口	900,000人
町　村　数	75
町　村　部　人　口	800,000人

第一項　単位費用算定基礎

第一　単位費用算定の概要

1　その他の教育費の測定単位は「人口」……である。「人口」を測定単位とするものにあっては教育委員会費，通信教育費，教育委員会の総務費，学事統計調査費（指定統計の委託関係費を除く。），福利厚生費，私立学校関係費，専修学校助成費，学校管理費，学校教育指導費，学校教育研究費，社会教育費，文化財保護費，保健体育費，社会体育施設費，教育研修センター費，図書館費，青少年教育施設費及び博物館費を……算定することとしている。

2　標準団体の行政規模は，人口1,700,000人と想定……した。

3　単位費用は，……標準団体の一般財源所要額を3,810,846千円と見込み，2,240円と……した。

第二　本年度主要改定内容

1　文化財保護事務費交付金に係る一般財源化に伴い必要となる経費を措置したこと。

2　社会体育施設，図書館及び博物館の管理運営に要する経費を充実したこと。

第三 行政事務内容

細　目	細　節	行　政　事　務　内　容	根拠法令
9.図書館費	図書館費	(1) 図書,記録,視聴覚教育の資料その他必要な資料を収集し，一般公衆の利用に供する事務 (2) 図書館資料の分類配列を適切に行いその目録を整備する事務 (3) 図書館協議会に関する事務 (4) 貸出文庫の巡回に関する事務	社会教育法 図書館法

第四 標準団体行政規模

項　目	行　政　規　模
図書館協議会委員数	9 人
図　書　館　数	1 館

第五 職員配置

(単位　人)

細　目	細　節	本　庁					出　張　所　等					合計
		教育長	課長	職員A	職員B	計	課長級	職員A	職員B	教員	計	
9.図書館費	図書館費						館長1	14	13		28	28

第六 単位費用算定の基礎

経常経費

細　目	細　節	総　額	特定財源			一般財源 (A)	単位費用 (A)÷ 1,700,000人
			国庫支出金	使用料手数料	計		
9.図書館費	図書館費	269,860	—	—	—	269,860	159

資　料　261

第二項　標準団体行政経費積算内容

経常経費

| 細　　目 | 9　図　書　館　費 | 細　　節 | 同　　左 |

歳　　出

経費区分	経　費	積　算　内　容
	千円	
給　与　費	208,300	館　　長　　　　　　　11,130,000円×1人＝11,130千円
		職 員 A　　　　　　　8,930,000円×14人＝125,020千円
		職 員 B　　　　　　　5,550,000円×13人＝72,150千円
		宿日直手当　　　　　　　　　　　　　　1,748千円
報　　酬	186	図書館協議会委員報酬
		委 員 長　　　　　11,500円×2日×1人＝23千円
		委　　員　　　　　10,200円×2日×8人＝163千円
賃　　金	771	図書修理　　　　　　　　5,320円×145人＝771千円
旅　　費	850	
委　託　費	2,500	
備品購入費等	57,253	図　　書　　　　　　　2,700円×16,200冊＝43,740千円
		視聴覚資料　　　　　　　　　　　　　　2,420千円
		巡回自動車　　　　　　　2,400,000円×1/6＝400千円
		書　架　等　　　　　　　8,747,000円×1/8＝1,093千円
		そ　の　他　　　　　　　　　　　　　　9,600千円
歳　出　計	269,860	

資料　地方交付税制度研究会（自治省財政局交付税課内）編集『地方交付税制度解説（単位費用篇）平成12年度』地方財務協会発行

○歳出予算見積書

目	本年度、前年度比較、本年度財源内訳は省略	節 区分	金額	説　明
3 図書館費		7 賃　金	2,544	○臨時司書助手　2,544 　平　　日　2,450円×243日×3人=1,786,050円 　　　　　　　1,400円×49日×3人= 205,800円 　土曜、日曜　2,450円×47日×3人= 345,450円 　　　　　　　1,400円×49日×3人= 205,800円
		9 旅　費	32	○普通旅費　12 　事務連絡　4,000円×3人=12,000円 ○特別旅費　20 　総会出席　　　　　　　　　20,000円
		11 需用費	1,611	○消耗品費　656 　法令集等追録（8種）　　　　350,960円 　新聞雑誌　　　　　　　　　305,020円 ○燃料費　227 　灯　油　756円×56罐×5月=211,680円 　　　　　7,230円×2本=14,460円 ○食糧費　13 　普通食糧　　　　　　　　　 13,000円 ○印刷製本費　207 　図書館報　4円×12,000部=48,000円 　郷土資料集　4円×22,000部=88,000円 　新聞製本　　　　　　　　　 71,000円

資料　263

12 役務費	46	○光熱水費　498 　　電　気　　40,000円×12月＝480,000円 　　水　道　　1,500円×12月＝18,000円 ○修繕料　10 　　備品修理　　　　　　　　　　　　　10,000円	
13 委託料	766	○火災保険料　46	46
		○清掃委託料　480 ○電気設備保守委託　116 ○冷暖房設備保守委託120 ○浄化槽清掃委託　50	40,000円×12月＝480,000円 9,600円×12月＝115,200円 40,000円×3回＝120,000円
16 原材料費	20	○木　材　20 　　床　板　等	20,000円
18 備品購入費	4,000	○管理用備品購入費　500 　　英文タイプライター1台　　　　　110,000円 　　子供用低書架　51,000円×5台＝255,000円 　　カードケース　　　　　　　　　115,300円 　　カウンター用いす2台　　　　　　19,600円 ○図書購入費　3,500 1,500円×2,000冊＝3,000,000円 　　　　　　　　　　　500円×1,000冊＝500,000円	
19 負担金．補助及び交付金	23	○日本図書館協議会負担金　7 ○○○県公共図書協議会負担金　8 ○○○県市町村史編さん連絡協議会負担金　8	

出典　中島正郎編著『予算の見方，つくり方』平成8年版（地方自治実務シリーズ）学陽書房，p.337（第3編歳出予算のたて方（教育費））

◯吉田町立図書館設置条例

平成10年4月1日施行

(設置)

第1条　町民の資料や情報に対する要求にこたえ，自由で公平な資料の提供を中心とする諸活動によって，町民の文化，教養，調査，研究，レクリエーション等の生涯にわたる学習活動を積極的に援助し，かつ，人々の交流とコミュニティ活動の推進に寄与するため，図書館法（昭和25年法律第118号。以下「法」という。）の定めるところにより，図書館を設置する。

(名称及び位置)

第2条　図書館の名称及び位置は，次のとおりとする。

名　　　　称	位　　　　置
吉田町立図書館	吉田町片岡404番地

2　図書館は，必要に応じて分館又は自動車図書館を置くことができる。

(職員)

第3条　図書館に館長，司書その他必要な職員を置く。

2　館長は，司書となる資格を有し，図書館及び図書館の運営に関して識見を有する者のうちから吉田町教育委員会が任命する。

(利用者の秘密を守る義務)

第4条　図書館は，利用者の読書事実，利用事実その他図書館が業務上知り得た利用者個人又は団体に関する情報を他に漏らしてはならない。

(納本制度)

第5条　町（行政委員会及び教育機関を含む。）が，出版物を発行したときは，別に定めるところにより，その出版物を図書館に納入しなければならない。

2　前項の規定に基づいて納入する出版物は，無償とする。

(図書館協議会)

第6条　法第14条の規定に基づき，吉田町図書館協議会（以下「協議会」と

いう。）を置く。
2　協議会の委員（以下「委員」という。）の定数は，10人とする。
3　委員の任期は2年とする。ただし，委員が欠けたときの補欠委員の任期は，前任者の残任期間とする。
4　委員の再任は妨げない。
（委任）
第7条　この条例に定めるもののほか，図書館の管理及び運営に関し必要な事項は，教育委員会規則で定める。
　　附則
　　この条例は，平成10年4月1日から施行する。

○鶴ヶ島市立図書館条例

平成8年6月21日　条例第8号

鶴ヶ島市立図書館設置条例（昭和60年条例第13号）の全部を改正する。
（設置）
第1条　市民の教育と文化の発展に寄与するため，図書館法（昭和25年法律第118号。以下「法」という。）第10条の規定に基づき，鶴ヶ島市立図書館（以下「図書館」という。）を設置する。
（名称及び位置）
第2条　図書館は，中央図書館及び分室で構成し，その名称及び位置は次のとおりとする。

名　　　　称	位　　　　置
鶴ヶ島市立中央図書館	鶴ヶ島市大字高倉1247番地1
鶴ヶ島市立図書館南分室	鶴ヶ島市大字鶴ヶ丘375番地1
鶴ヶ島市立図書館富士見分室	鶴ヶ島市富士見五丁目11番1号
鶴ヶ島市立図書館大橋分室	鶴ヶ島市大字太田ヶ谷883番地
鶴ヶ島市立図書館西分室	鶴ヶ島市大字中新田577番地2

(職員)

第3条　図書館に館長及び専門的職員を置き，専門的教育職員その他必要な職員を置くことができる。

2　館長は，法第5条に規定する資格を有する者又は図書館等に関する知識を有する者をもって充てる。

(利用者の秘密を守る義務)

第4条　図書館の職員は，資料の提供活動を通じて知り得た利用者の個人的な秘密を漏らしてはならない。

(図書館協議会)

第5条　地方自治の本旨に基づき市民の参画と協働による図書館の運営を目指すため，法第14条の規定により，図書館に鶴ヶ島市立図書館協議会(以下「協議会」という。)を置く。

2　協議会の委員(以下「委員」という。)の定数は10人以内とし，任期は2年とする。ただし，委員が欠けた場合における補欠委員の任期は前任者の残任期間とする。

3　委員は，次に掲げる者のうちから教育委員会が任命する。

(1)　市内の学校教育に関する団体及び社会教育関係団体(社会教育法(昭和24年法律第207号)第10条に規定する社会教育関係団体をいう。)又は第1条に規定する図書館の設置目的の達成に協力する団体において選挙その他の方法により推薦された当該団体の代表者

(2)　学識経験のある者

4　前項第2号に規定する者について，教育委員会は，必要に応じて公募をすることができる。

(委任)

第6条　この条例に定めるもののほか，図書館に関し必要な事項は，教育委員会規則で定める。

　附則

1　この条例は，平成8年10月1日から施行する。

2　非常勤職員の報酬及び費用弁償に関する条例(昭和44年条例第1号)の

一部を次のように改正する。

〔次のよう〕略

附則（平成12年条例第16号）
1 この条例は，平成12年4月1日から施行する。
2 この条例の施行の際，改正前の鶴ヶ島市社会教育委員設置条例，鶴ヶ島市公民館条例及び鶴ヶ島市立図書館条例の規定により，現に非常勤の特別職の職に命じられている者は，その任期満了の日まで在任する。

附則（平成13年条例第6号）
この条例は，教育委員会規則で定める日から施行する。
（平成13年教委規則第2号で平成13年10月1日から施行）

附則（平成14年条例第17号）
この条例は，教育委員会規則で定める日から施行する。
（平成14年教委規則第7号で平成14年12月7日から施行）

○私たちの考える仙台市立図書館設置条例案

（設置）
第1条　仙台市は，市民の読書及び図書館資料に対する要求にこたえ，自由で公平な資料の提供を中心とする諸活動によって，市民の教養，調査，レクリエーション等に資するため，図書館法（昭和25年法律第118号）に基づき仙台市立図書館（以下図書館という）を設置する。

（構成）
第2条　図書館は，中央館及び複数の地区館，地域館，分室，移動図書館等によって構成する。
2　前項の名称及び位置は別表の定めるところによる。

（職員）
第3条　図書館に次の職員を置く。
　(1)館長
　(2)専門職員（司書・司書補）

(3) その他必要な職員
2　図書館の館長は，図書館法第13条第3項に規定された館長の資格を有するものでなくてはならない。

(利用者の秘密を守る義務)

第4条　図書館は，資料の提供活動を通じて知り得た利用者の個人的な秘密を漏らしてはならない。

(読書活動への協力)

第5条　図書館は，市民が自主的に運営する読書活動に対し，その独自性及び役割を尊重するとともに，図書の貸出し等の協力を行なう。

(図書館協議会)

第6条　図書館法第14条第1項の規定により，仙台市立図書館協議会を置く。
2　協議会の委員（以下「委員」という）の数は若干名（12人以内）とする。
3　委員の任期は2年とする。ただし再任を妨げない。補欠委員の任期は前任者の残任期間とする。

第7条　この条例の施行に関し，必要な事項は，教育委員会規則で定める。

あとがき

　日本図書館協会の出版委員会で本書について企画にのぼったのは，19年前の1986年だったと思います。私が出版委員長で，清水正三さんをリーダーとして，伊藤峻，千葉治，松岡要，戸田あきらの各氏をメンバーとして，それぞれ分担を決め，原稿をまとめることになりました。

　企画書をつくる段階で『市民の図書館』の評価をめぐって，清水さんと伊藤さんが激しく議論するなど，全体の構成をまとめる段階で紆余曲折がありました。その後，伊藤さんは豊中市にいかれ，清水さん，千葉さん，戸田さんと私（大澤）が原稿を書いたのですが，討議することもなく時間が経過してしまいました。

　その後，清水さんが体をこわされ，それぞれが忙しくなりこの企画も断念かと思っていました。

　出版委員会は「新たな企画を」と松島茂・現委員長から私に相談があり，私があちこちで話した記録をもとに構成をたて，それに基づいて書き足しながら原稿をまとめました。これらの原稿を伊藤峻，千葉治，戸田あきら，森下芳則，山口源治郎の各氏にお見せしご意見をいただきました。また，松岡要氏からは全体の構成を含めて貴重なご意見をいただきました。

　この間，上記の方々および松島委員長，事務局の担当である内池，安発の両氏には原稿の査読や校正に大変お世話になりました。ここに深く感謝いたします。

　思い返しますと，十数年，この書は今までかかわった人たちの公立図書館に対する熱意が貫かれていると思います。この書を見る前に清水さんは他界され，さらに伊藤さんも2004年1月亡くなられました。ご両人に心から哀悼をささげます。

　この『公立図書館の経営』がこの厳しい図書館の時代を切り開く灯となれば幸いです。

索引

あ行

赤狩り……………………………43
有山崧……………………………43
『筏川』…………………………209
石井桃子…………………………70
委託司書…………………………144
委託販売制………………………97
一過性の出版物…………………83
五つの条件………………………61
一般行政職………………………130
一般財源…………………………176
一般職……………………………138
移動図書館………………………33
印刷目録カード…………………139
請負業務委託……………………142
請負契約…………………………144
大阪市立西淀川図書館………57, 60
公の施設………………………36, 142
遅番………………………………131

か行

開館時間…………………………197
開館日……………………………197
カウンター・サービス………54, 65
価格維持…………………………98
学習権……………………………15
学習室問題………………………200
貸出しを伸ばす運動……………56
貸出期限票………………………92
貸しレコード業者……………103, 104
価値選択…………………………84
学級文庫………………………68, 70
「かつら文庫」…………………70
家庭教育学級……………………225
家庭文庫…………………………225
函架番号…………………………88
間接民主主義……………………170
館長の決裁権……………………119
館長のリーダーシップ…………116
館内上映…………………………106
館内騒音…………………………199
館報………………………………208
官民の給与格差…………………162
管理………………………………184
管理運営委託……………………150
機械可読目録…………………56, 86
議会事務局……………………219, 220
基幹業務………………………144, 145
基幹業務の充実…………………144
基幹的業務………………………144
危機安全管理……………………205
基準………………………………189
基準財政需要額………………175, 177
規制緩和…………………………140
偽装請負…………………………146
規則………………………………187
規程………………………………188
寄附金……………………………178
基本姿勢…………………………186
義務的経費……………………179, 181
教育機関…………………118, 171, 172, 185

索 引 *271*

「教育の中立」論争 …………………45
教育力 ………………………………28
行政改革 ……………………………141
行政制度欠陥 ………………………170
協力館 ………………………………34
キングスレー館 ……………………160
グルーピング ………………………89
刑事訴訟法第197条第2項 …………50
経常経費 ……………………………181
契約社員 ……………………………145
権威主義 ……………………………125
コイン方式 …………………………110
広域利用 ……………………………35
合意事項 ……………………………106
効果的に達成 ………………………148
公共性 …………………………148, 149
公貸権 ………………………………103
公費教育 ……………………………17
公文書 ………………………………191
公務労働の専門性 …………………149
効率性優先論 ………………………141
国民の教育 …………………………20
個人視聴用貸与承認 ………………105
『子どもの図書館』…………………70
御用組合 ……………………………159
雇傭契約 ……………………………156
根幹的業務 …………………………143
根幹的部分 ……………………142, 143

さ行

再軍備…………………………………45
再雇用嘱託 …………………………138
歳入・歳出 …………………………174
再販制 ………………………………98
再販売価格維持制度…………………98
債務不履行 …………………………156
サービスの指標 ……………………74
差別的取扱い ………………………37
三段八割広告 ………………………87
識別ロゴマーク ………………106, 107
時限再販 …………………………99, 100
自己研修 ……………………………127
自己財源 ……………………………176
司書職制度 …………………………129
市政図書室 …………………………28
自然観察 ……………………………29
思想善導 ……………………………17
自治体労働者 ………………………161
市長査定 ……………………………182
質問・答弁 …………………………221
指定管理者制度 …………142, 146, 147
指定の手続き ………………………147
自動車図書館 ………………………33
自動車文庫 …………………………33
自動販売機 …………………………203
私文書 ………………………………191
事務執行権限 ………………………172
地元議員 ……………………………219
社員研修 ……………………………145
社会改良運動 ………………………160
社会の効率 …………………………149
ジャンル別 …………………………89
自由価格制 …………………………100
自由競争販売 ………………………100
住民運動組織 ………………………228
住民運動団体 ………………………184
受託会社 ……………………………145
小出版社 ……………………………31
情報公開制度 ………………………228
情報公開法 …………………………57
除架 ……………………………93, 94
職員研修 ……………………………136

嘱託職員 …………………………138	単位費用算定基礎……………177, 256
職務上の命令 ……………………164	団結権……………………………156, 157
除籍…………………………………93	団体交渉権 ………………………156
書物の特性…………………………79	団体行動権 ………………………156
資料選定……………………………81	担当者会議………………………134, 136
資料媒体 …………………………202	地域館………………………………32
資料費の算定 ……………………182	地域の文化センター………………73
資料別担当 ………………………131	地域文庫………………………70, 225
知る自由……………………………46	小さな政府 ………………………140
人権擁護論 ………………………141	地区館………………………………32
人事異動 …………………………129	地公法第31条 ……………………164
人事院勧告制度 …………………162	知的好奇心 ………………………126
新自由主義 ………………………140	知的熟練 …………………………150
新保守主義 ………………………140	地方交付税 ………………………177
鈴木由美子…………………………62	地方交付税算定基準 ……………256
政策的経費 ………………………181	地方財政 …………………………173
生存権保護 ………………………162	地方自治の原則 …………………169
政令第201号 ……………………162	地方自治の本旨 …………………169
設置…………………………184, 185	地方税 ……………………………177
設置（第10条）…………………186	地方政府 …………………………170
全館禁煙 …………………………202	中堅司書 …………………………113
全国同一価格………………………99	著作権 ……………………………102
宣誓 ………………………………164	著作物 ……………………………103
全体の奉仕者 ……………………163	定価販売 …………………………101
選定委員会 ………………………187	適用除外……………………………98
専門性 ……………………………149	電話応答マニュアル………………60
専門的資質 ………………………116	答弁書 ……………………………220
総事業コスト ……………………152	独自財源 …………………………176
蔵書構成………………………81, 87	読書会 ……………………………225
組織体制 …………………………116	読書の秘密 ………………………119
	独占禁止法…………………………98

た行

第3セクター方式 ………………151	特定主題……………………………89
宅配サービス………………………71	特別交付税 ………………………175
竹内紀吉……………………………64	特別職 ……………………………138
棚管理………………………………92	所沢市立図書館……………………60
	図書館員としての心構え（図書館員の資

質) …………………………………124
図書館運営補助員 ……………………138
図書館活動評価……………………………75
図書館協議会 ……………171, 216, 217
図書館協力員 ……………………………138
図書館系…………………………………31
図書館憲章制定促進……………………46
図書館サービス…………………………53
図書館サービス網………………………31
『図書館新聞びっと』…………………210
図書館組織網……………………31, 35
図書館の委託 …………………………139
図書館奉仕………………………119, 171
図書館法第17条…………………………24
図書館向け価格 ………………………106
図書館利用に障害のある人……………67
図書主任…………………………………68
独禁法……………………………………98
トラブル ………………………………197
取次………………………………………97

な行

内規 ……………………………………189
難易両範囲………………………………82
新潟県木崎村 …………………………160
西ドイツの競争制限禁止法……………99
日本書籍出版協会………………………99
日本書店商業組合連合会………………99
韮塚一三郎………………………………46
練馬のテレビ事件………………………47
農民運動 ………………………………160
農民図書館 ……………………………160

は行

廃棄………………………………………94
廃棄資料…………………………………96

索引 273

破壊活動防止法（破防法）……………43
発行後相当期間…………………………109
発達権……………………………………20
早番………………………………………131
犯罪捜査の照会…………………………50
PFI ………………………………………151
PFI 事業推進法 …………………………151
非基幹業務 ……………………………145
非常勤職員 ……………………………138
ひも付き財源 …………………………176
病院サービス……………………………71
複写・複製 ……………………………102
付属機関 ………………………………216
普通交付税 ……………………………175
物品出納員………………………………95
ブラウン式………………………………57
部落問題…………………………………47
フロアー・サービス……………………66
フロアー・ワーク………………………65
分館………………………………………32
文庫運動…………………………………70
分室………………………………31, 33
文書 ……………………………………190
文書主義 ………………………………191
閉架式……………………………………88
返品………………………………………99
防衛2法案………………………………45
法定再販…………………………………98
補助金 …………………………………177
保存的機能………………………………87
本のポスト………………………………59

ま行

マーク（MARC） ………………56, 86
松尾昇治…………………………………63
マニュアル ……………………………190

三つの方法……………………………61
ミーティング …………134, 135, 136
民衆の魂………………………………18
民主主義の学校 ……………………160
民主的な人事管理 …………………114
メーデー事件…………………………43
求められる図書館員像 ……………123

や行

ヤングアダルト・サービス…………66
優先順位 ……………………………221
ユニット式カード目録 ……………139
要求選択………………………………84
要項…………………………………189
要綱…………………………………189
予算作成 ……………………………179
予算の科目 …………………………178
予算の編成 …………………………179
予約……………………………………60
予約制度………………………………60
予約制度確立…………………………61

ら行

来館難易度……………………………74
リクエスト……………………………60
リサイクル……………………………95
リサイクル活用………………………94
利用案内 ……………………………208
利用実態評価…………………………74
利用者懇談会 ………………………229
利用者の秘密…………………………48
利用者の秘密を守る ………………187
臨時職員 ……………………………138
臨時的任用 …………………………138
労働基準法 …………………………159
労働協約 ……………………………158
労働組合 ……………………………156
労働組合法 …………………………158
労働契約 ……………………………156
労働権の本質的保障…………………16
労働3権 ……………………………156
労働者……………………………156, 157
労働者派遣法 ………………………145
労働条件 ……………………………158

● **著者紹介**

大澤 正雄 1935年東京生まれ。

1959年4月東京都練馬区採用,一般行政事務に従事。

1962年9月練馬区立練馬図書館をはじめ,同区石神井,大泉図書館,児童館等に勤務の後,1986年4月から95年3月まで埼玉県朝霞市立図書館に館長として勤務。

1995年4月から99年3月まで同県鶴ヶ島市立図書館に館長として勤務。

前,戸板女子短期大学教授。現在,富士大学及び聖学院大学講師。

視覚障害者その他活字のままではこの本を利用できない人のために,日本図書館協会及び著者に届け出る事を条件に音声訳(録音図書)及び拡大写本,電子図書(パソコンなど利用して読む図書)の製作を認めます。但し,営利を目的とする場合は除きます。

EYE LOVE EYE

図書館員選書・21　　　　　　　　定価:本体1,800円
公立図書館の経営　補訂版　　　　　　　　　(税別)

1999年10月20日　初版第1刷発行
2005年5月10日　補訂版第1刷発行
2011年6月30日　補訂版第5刷発行

Ⓒ著　者　大　澤　正　雄

発　行　社団法人　日本図書館協会
東京都中央区新川1-11-14
〒104-0033 ☎03(3523)0811

JLA 201106　　Printed in Japan　　船舶印刷

ISBN978-4-8204-0502-3

本文の用紙は中性紙を使用しています。

"図書館員選書"刊行にあたって

　図書館法が発効してから35年が経過した。この間，わが国の図書館は戦後の廃墟の中から大きな発展を遂げた。この発展を支えてきたのがそれぞれの現場で仕事を積みあげてきた図書館員たちであり，われわれの先輩たちであった。これらの図書館員たちは日本図書館協会に結集し，その蓄えた知識と理論を共有し広めるため，1966年「シリーズ・図書館の仕事」を発刊した。あれから20年，「シリーズ・図書館の仕事」は25巻を発行する中で図書館の仕事の基本を示し，若い図書館員を育て，経験豊かな図書館員を励まし，そして，今，新しい時代にふさわしく「図書館員選書」として生まれかわった。

　めまぐるしく変わる情報技術，求められる新しい図書館経営のあり方，そのような社会的情況の中で「利用者の要求を基本」とする図書館のあり方を探る「図書館員選書」は新しく図書館学を学ぼうとする人，日常の仕事の中で手元において利用する人，研究の入門書として使用する人々のためにつくられたものである。

　願わくは「シリーズ・図書館の仕事」の成果と先人の意志を受けつぎ多くの図書館員や研究者がそれぞれの現場での実践や研究の中から新たな理論を引き出し，この「図書館員選書」を常に新鮮な血液で脈打たせてくれることを希望して刊行の辞としたい。

1985年12月

日本図書館協会出版委員会
委員長　　大　澤　正　雄